JN220686

人に心を開いてもらいたい時、私が必ずやること、やらないこと。

久本雅美
Hisamoto Masami

構成　桜井美貴子（エイブル）

人に心を開いてもらいたい時、
私が必ずやること、やらないこと。……目次

第1章 人の心を開く 7

第5章 身だしなみは気配り 165

第1章

人の心を開く

初対面でも伝わる「あなたのことが好きです」というオーラ

生命は形が見えないですけれど、私たちはちゃんと生きていますし、空気は味も色もないですけれど、私たちはちゃんと呼吸しています。それと同じように感情も見えないですけれど、何も言わなくても人に伝わるものですよね。

もちろん言葉にしなければわからないのも当然ですが、シンプルな感情はその場にいれば伝わってくるものです。「私のこと、けっこう好いてくれているなあ」とか、「この人とは、あまり合わないと思われているな」とか。言葉にしなくても感じてしまうことがありますよね。その人と近づきたかったら、いい関係を作りたかったら、私は「あなたのことが好きです」というオーラを惜しみなく出すことが必要だと思います。

テレビ番組のＭＣ（司会者）のお仕事をしていると、芸能界の方でも一般の視聴者の方でも、初対面の方とお話をすることがとても多いものです。その方がどういう性格なのか、明るいのか引っ込み思案なのか、今、気分がいいのか悪いのか、そういうことはわからないなかでトークを展開していくわけで、全面的に私の心の扉はあなたに向かって開いていますよというのを見せないと、その方は私に対して心を開いてくれないでしょう。

この「あなたのことが好きです」オーラを、私はどう出しているかというと——。

まず相手が素敵だなとところに目を向けて、そのことから話し始めたりします。私の母親のような年代の女性の方でも「そのお洋服、素敵ですね」と声をかけさせていただくと、パッと顔が華やぎます。「目がとてもおきれいですね」と話しかけると、笑顔で答えてくださいます。そして「素敵な服」「きれいな目」という言葉は、本当に私がその瞬間に感じたことなのです。私だったら、そうやって初対面の人に声をかけてもらったら、めちゃめちゃうれしくなります。また、いまだに独身の私には、ありがたいことに独身キャラというものがありますから、イケメン系の方には「私のタイプです、抱いてください！」という、笑ってもらうことを前提にド直球の愛の告白をしたりもします（笑）。

ツッコミがいのありそうな雰囲気の方には「その唇、大きくてセクシーやわ～」とフレンドリーな表現でほめながら、「蚊に刺されたのとはちがうよね」とツッコんじゃう。相手をおとしめるためのツッコミじゃなくて、いじらせてもらいましたよ、みたいな愛情を込めることが大事だと思います。あなたのことが好きだから、ちょっといじわるしちゃうみたいな感じです。

私「お母さん、きれいやわぁ〜。あれ？　松坂慶子さん？」
お母さん「いや〜ん、なんでわかったん？」
私も大阪出身なので、いわゆる「大阪のオカン」の皆さんとのユーモアあふれる、こういう会話は日常茶飯事です。ホント、エライところで育ちました（笑）。

自分から先に「あなたが好きです」というオーラを出すというのは、いってみればイソップ童話の「北風と太陽」の精神です。北風と太陽が旅人の上着をどっちが脱がせることができるか力比べをする、あのお話です。まず北風はヒューヒューと強く冷たい風を思い切り旅人に吹きつけるのですが、旅人は寒さに震え上がり、さらにもう一枚上着を着こんでしまいました。続いて太陽の番。太陽は旅人をぽかぽか暖かい日差しで照らし続けるだけですが、旅人はやがて「暑いなあ」と言って着ているものを脱いでいく。太陽の勝ちです。初対面の人とのコミュニケーションも、太陽のようにこうやって相手の心を温めて開いていくものではないかと思います。「あなたのことが好きです」というオーラは、太陽のぽかぽかの日差し。しゃべりが上手だろうが、苦手だろうが、その感情は伝わります。

その逆もしかり。喜ばせるようなことを立て板に水でしゃべってくれても、そこに心がないときは、不思議と相手にバレてしまいます。

ほめ上手はとても素敵。そこに心があるかないか、愛情があるかないか、これが大事だと思います。私も太陽のように相手の心をぽかぽかと暖めていく存在になりたいです。家族にとっても、友人にとっても、太陽のごとき存在。まだ見ぬ素敵な旦那様にとっても。あっ、旦那様、早く現れないと、太陽どころか、私、星になっちゃいます（笑）。

外見的なことに触れるのはコミュニケーションが成立してから

ワハハ本舗の舞台ではお客さんと一緒に盛り上がるために、公演ごとに条件を決めて希望者を募り、ステージにあがっていただいたりしています。たとえば私が結婚相手を探すという条件でしたら、私より年上のおじさまから愛らしい青年、ときにはチビッコまで、皆さん、テレながら、あるいははりきって、ときには強引にステージにあがってきてくださいます。

私はおじさまをジーッと見て、ただひと言「ごめんなさい」というだけで、客席はみんなワーッと笑ってくださいます。年上のおじさまも、いじられたことがうれしくて手を叩いて喜んでくださいます。髪の毛がさびしい方には「こんなところに惑星が！」とやってみると客席はドッカンと沸いて、ご本人も大笑い。髪の毛のことを気にされている方もいらっしゃいますので気をつける必要はもちろんありますが、堂々とそれも自分の個性だと考えている方だと判断した場合、あえて私もそこをツッコませていただきます。

初対面の方に対してこういうことができるのは、その人からにじみ出る明るさ、かわいらしさ、いじってもＯＫ的な匂いをかぎ分け、賭けではありますがワハハ本舗を観にきてくれているという絶対的条件に甘え、目と目とを合わせるなかで判断するわけです。初対面でありつつアイコンタクトで探りながらも、私とお客さんの間にはお互い確認済みのコミュニケーションがすでに成立しているわけです。

そうじゃなかったら、初対面の方の外見的なことに触れるのはとても危険です。

これはテレビに出始めたときの痛恨の失敗から得た教訓です。忘れられない、忘れてはいけないこととして、何十年経っても私の脳裏に刻まれています。

それは私がゲストで出演させていただいた大阪のお笑いの番組でした。三枝（現・桂文枝）師匠が私の横にいらっしゃって、客席にすわってのトーク、師匠が私に話を振ってくださったので、自分も何か笑かさなきゃ……とテンパッていた私は、パッと振り返り、うしろにいた若い女の子が目に入ったので、

「笑いすぎて歯茎がかわきます。うしろの女の子も歯茎が長いように、私も歯茎が長いんで～す！」

正面に向き直った私の耳に、その女の子が「なんで？　なんで私にそんなこと言う

の？　なんで？」という声が聞こえてきました。「ああ、言うてもうた」と思ったときには、もう遅い。どんどん進行していく番組の流れを切ってフォローするなんて、テレビの世界では不可能なんです。

どう考えても私が全面的に120％悪い。コミュニケーションを取れていない人に、相手の顔色を読む余裕もなく、パッと自分の中に浮かんだことをいってしまったわけですから。「ああ、言うてもうた」とわかった瞬間に、なんでもいいから、フォローの言葉を発すればよかったのに……。当時の私にはそんなトークの技術と余裕はありませんでした。

番組の収録中、ずっと彼女は私のうしろで「なんで？　なんで私のことといわなあかんの？」とつぶやき続け、私は背中を見せながら申し訳なさでいっぱいでした。

太い細い、大きい小さい、多い少ない、などなど、他人から見たらかわいいなと思うことでも、本人にはコンプレックスかもしれないし、明るくみえても繊細な人もいます。とにかく初めて会った人に、外見的なことはいわないほうがいいと思います。

親しくなって「このことを言っても大丈夫なんだな」というお約束ができたら、初めて笑いのコミュニケーションを解禁にしましょう。

挨拶ができる人のまわりは空気がきれいに流れる

世界中どこでもそうだと思いますが、やっぱり挨拶は気持ちのいいものです。

街を歩いていて知らない人に「こんにちは」と挨拶されたら、自然にこちらも「こんにちは」となりますよね。犬の散歩中の人とすれ違うとき、「こんにちは。かわいいですね」と声をかけたのに、ちらっと一瞥《いちべつ》されただけで向こうに行かれてしまったら、悪気はないとわかっていてもさびしい気持ちになってしまいます。

挨拶を交わすだけで、まず心が一つ開きますよね、お互いに。この小さなコミュニケーションは私たちの仕事の世界でも、とても大事です。ゲストの新人タレントさんが緊張しながら楽屋に来てくれたり、気ごころの知れた人でも前室（スタジオの入口前にある控室）やスタジオで、収録が始まる前に挨拶を交すと、やっぱり気持ちがいいものです。

初めて会う方ですと、相手の存在が私の頭にインプットされます。名前だけは知っている方でしたら、顔を見て、「ああ、この人が○○さんなんだ」と確認できる。あるいは違う番組に出ていたら「あの番組、見たよ」とか「会えてうれしいわ」という会話も生まれてきます。

「おはようございます。今日もよろしくお願いします」というたったひと言、この挨拶を交わすだけで、そのあとの番組の空気がきれいに流れていくんですね。

礼儀を尽くして、顔を覚えてもらえるわけです。

私は最近、共演者同士の挨拶には、さらに深い意味があることを知りました。

松竹新喜劇の公演に4回目の客演させていただいたとき（２０１６年7月）のことですが、劇団を長年支え続けた俳優さんであり、私が尊敬してやまない大先輩の曾我廼家八十吉さんと食事をご一緒させていただきました。その席で今はなき松竹新喜劇の伝説的な名優、藤山寛美さんと曾我廼家鶴蝶さんの貴重なエピソードをお伺いすることができました。

どこの劇団もそうですが、舞台に立つ前、若手劇団員は先輩方に「今日はよろしくお願いします」と挨拶をしにいきます。舞台の幕が上がり、お芝居が始まって、その若手が舞台に出るタイミングを逃したり、せりふの間《ま》を外してしまったとします。お芝居の世界では失敗することを「とちる」といいますが、誰しもが経験すること。公演が終わった後、自分のミスでご迷惑をかけた共演者に謝りにいくことは当然です。私も自分のちりを反省して、同じ舞台に立つ先輩方に頭を下げにいったことがありましたし、今もそうです。

藤山寛美さんと曾我廼家鶴蝶さんは、劇団員が謝りにきたとき、こう答えたそうです。「なんであやまんねん」と。「未熟な私が先輩方の胸を借りて、今日はお芝居をさせていただきます。どうかよろしくお願いします」という意味の挨拶を受けた以上、舞台の上で後輩が何か失敗をしたのなら、それはフォローできなかった自分たち先輩の責任。謝る必要なんてない、こちらこそ申し訳なかったとおっしゃられたそうです。

このエピソードに私は心から感動しました。目からウロコです。挨拶をする側が礼儀を尽くすことも大事ですが、挨拶を受ける側にも礼儀の返し方、責任の取り方がある。「よろしくお願いします」という言葉のさらに奥の奥には、生ものである舞台を作り上げる者同士の信頼関係が必要だということを改めて教えていただきました。今後は私も後輩たちから開演前に挨拶されたら、気合いを入れて受けなくてはいけないと身が引き締まる思いです。

後輩からの挨拶。それを受け止める先輩の覚悟。共演者の間に礼儀がある舞台には、やはりきれいな空気が流れています。

「空気」は「読む」のではなく「作り出す」もの

空気を読めるとか読めないとか、そういうことが人間関係において重要視される風潮になっています。小学生から大人まで、教室や会社で空気を読むことに苦心していたり、人物評価に「空気が読める」という項目が普通にあると聞いたりすると、どこも最近はコミュニケーションが大きなテーマになっているんだなと実感します。

私の仕事の一つであるテレビ番組のＭＣに関していえば、場の空気を読めるということは、番組のテーマに沿ってゲストの方たちのよさやおもしろさを引き出し、スムーズに進行していくためにとても大事です。また、舞台やお笑いの世界では、間《ま》が人を笑わせる重要な要素なのですが、この間というのも、いわば空気を読むということにつながりますよね。同じせりふを言うシーンでも、そのときのちょっとした差、間のズレで、お客さんの反応はまったく違ってきますから。

確かに空気が読めれば、すべらない。大事です。

「空気って、どうやって読んだらいいんですか？」と聞かれることがありますが、この部分だけをぽっと取り出して説明することは難しいです。空気を読む才能があるかないか。そういってしまえば身もふたもありませんが、現場での慣れもあるのでしょう。でも、根底に自分だけのことを考えての行動・言動があるとするならば、完全に空気を読んでいないことになります。要は自己中心にならないようにする気配り、どこまでもまわりを楽しませようとする気づかい、空気を壊さないようにする心づかいが大事だと思います。

自分があせっていたり体調が悪かったり、何かしら自分の気持ちにマイナス要因があると、うまくいかないということもあります。これが一番、自分にイラッときて落ち込みます。

そして舞台の場合なら、その場の反応がすぐに返ってくるので受ける・受けない、笑いが大きい・小さいが歴然と現れます。いつもだったらドカーンと爆笑になるはずなのにそうならない。「ああ、私の間が違ったんだな」とか、「声がすっと出なかったな」とか、自分の不調が出てしまっているのがわかります。

テレビの番組でも、相手の方としゃべっていても、「ああ、今日は嚙み合っていないな」とか、みんなが笑っていても「番組の進行がスムーズに流れていないいな」と感じることがあります。収録後には、あのシーンはもうちょっと違う言い方があったんじゃないかと反省しきりです。だから番組が実際オンエアになって、自分が気にしていたところがきれいに流れているように編集されているのを観ると、もう編集さんに本当にありがとう、ディレクターさんにありがとうと感謝しています。

またその逆で、自分がすごく気にしていたシーンがそのまま使われていることもあります。客観的にオンエアを観て、「そうか、意外とこっちでよかったのかも」と、教えられることもあります。だからといって収録のとき、自分の気持ちにマイナス要因があったことは帳消しにはなりません。

空回りしていてあせっている自分がいたり、雰囲気にのまれて引いている自分がいたり、居心地の悪さ、違和感があるときは、結果、やっぱりうまくいっていないときですね。自分が本当にその場を楽しむことができて、出演者の方たちも本当に楽しんでくれていたら、その楽しい空気はちゃんとテレビの向こう側の皆さんにも届いているということだと思います。

私が大尊敬しているタモリさんは番組に誰がゲストに来ようとも、昭和、平成と時代のニーズが変わろうとも、常に自分のペースで上手に遊んで、その場をおもしろがっていらっしゃいます。だからその場にいる誰もが「森田一義アワー」を楽しんでいて、いい番組ができるのです。

空気を読むということは、皆さんに楽しんでもらえる場を作ること。これが私のめざすところであり、その場の空気がどうなるのか、それは私の気持ちの中にあるものだと思っています。

人を活かすことで自分も活きる

私の盟友でありワハハ本舗の仲間である柴田理恵さんが、一足先にテレビの世界に飛び込んでいった私に、しみじみと言いました。

「テレビがこんなに大変な世界だとは知らなかった……。久本もこれまで苦労してきたんだね」

笑いを求めることは同じでも、テレビの世界の笑いの作り方はワハハ本舗とはまるっきり違います。そのことは私もテレビの世界に入って痛切に感じました。

ワハハ本舗の舞台は劇団員がそれぞれ持っている個性を活かしながら、舞台を作り上げていく持久力が大事です。ここに闘いがあり、生みの苦しみもあります。対してテレビは、たとえばバラエティー番組だったら、新人から旬の人から重鎮から何十人もの出演者の中で、どうやって自分が「はい！」と出ていって、おもしろいことをいうか、瞬発力が勝負になる場合が多いのです。アドリブでどうやって自分を打ち出して、目立つか、この一点に向かっていく精神的パワーはすごいものがあります。

　なんといってもテレビは時代の流れに乗っていますから、とにかく「今」、欲しいのは「今」なんです。今の瞬間、今の時代のおもしろさをビシッビシッと切り取った笑いをめざします。ここで失敗しちゃったらもう二度とテレビには出られないかもしれないと思わせるピリピリの緊張感をはらんでいるし、うまくいったら次につながるぞ、あるいは違う番組でも使ってもらえるぞというギラギラした野心にも満ちています。

　もちろん私もテレビの世界に出てきて三十数年、今もこうしたピリピリ、ギラギラした世界で、なんとかかんとかやらせていただいているわけですが、それはＭＣという仕事に巡り合って、番組における自分の役割の幅を少しずつでも広げることができたからかもしれません。

　なんでも自分を前に出すのではなく、まず人を活かすことを考える。相手のよさを活かすことで自分も活きる。これができなければ、ＭＣは務まらないということを先輩に教えていただき、同僚からも学ばせてもらいました。

　人を活かすとは、この人のよい部分はどこだろう、何をやったら楽しんでくれるのだろうと相手の立場に立つことから始まると思います。テンポの速いテレビの現場で初めて会った人でも、「今」の瞬間に私がこの人を活かせることは何か、頭のなかをフル回転させます。そして、その人を活かすことができたら本当にうれしい。この仕事を通して人を活かすということを学び、それは自分をも活かしてもらうことにつながると知りました。

芸人さんにはMCがうまい方がたくさんいます。皆さん、人のおもしろい話を聞き出したり、相手の個性を引き出したり、そこに自分流のツッコミを入れたり、どうってことのない地味なリアクションも絶妙の間でフォローしたり、本当に人を活かすことがうまいのです。MCという番組やコーナーを仕切る立ち位置で、自分が前に出るというよりゲストや一般の方たちとのかけ合いのなかから、おもしろさを引き出して、ドカーンと笑いをまき起こす。笑いが起きればMCにとっても大成功。うれしいわけです。

ちなみに吉本新喜劇の坂田利夫師匠は、一緒にお仕事をさせていただくとき、「今日もおいしくいじくってや」とおっしゃいます。ご自身のキャラをわかっていらっしゃる上で「自分を活かしてや」ということです。だから私は師匠の頭を見たら、遠慮なく「シメジか！」とツッコみ、「誰がシメジや」と切り返されます（笑）。

自分が活かされるためのきっかけをさりげなく作って、結果的に相手も活かす。MCのさらに上をいく芸人道であります。

「笑い」慣れしていない人こそ全力で話しかけたくなる相手

「姉さんは緊張していそうな人とか、新人アイドルの子とか、まだトークに慣れていない人をいじりますもんね」

共演者の方にそう言われたことがあります。

視聴者の皆さんに種明かしをするようで、ちょっと気が引けますが、確かに私は意識して、そういった方々をいじらせていただいています。

いつもバラエティー番組に出ている芸人さんやタレントさんたちは、自力で番組の流れにガーッと入ってこられますので、どうぞどうぞ、お好きにと任せて安心。話が終わったかなという頃合いに、私がまとめのコメントを入れれば、次へ進行できます。

でも、新人やバラエティー番組に慣れていない俳優さんたちはそんな芸当、なかなかできません。本業じゃないから当たり前ですよね。だから、私の役割は、「おもしろいことなんて言えないし……」と緊張している人たちに、「おもしろいことを言わなくても大丈夫ですよ。お手伝いします」という雰囲気を伝えて、安心してもらうこと。安心して番組を楽しんでもらいたいし、心から笑ってもらいたい。その人のいい笑顔を全国の視聴者の皆さんに届けたいと思うのです。

おしゃべりが得意じゃない人、どうしても存在感を発揮できない人に「すみませんが」と心で断りを入れて、バンといかせてもらうのは、実は子どもの頃からの習性なのです。ワーッとしゃべりまくっていても誰かが下を向いていたら、「なんで？　どうして？」とすごく気になってしまう性格でした。

そして私がいうのもおこがましいですが、現在、番組のMCを務めている人たちは皆さん、しゃべりの輪に入ってこられない人に気が回り、全力で向かっていく、そういう気質を根っこに持っている方々だと思うのです。

先日、ダウンタウンさんの番組『ダウンタウンDX』（読売テレビ系列）に出演して、改めてそのことを実感しました。

出演者の一人、舞台俳優のYさんは、この日がバラエティー番組初出演。隣に座っている私にも、彼の緊張ぶりが伝わってきました。

そのYさんを、松本人志さんは何回もいじりました。

「まだ活躍していませんよ、Yさん」

でもバラエティー初のYさんは、みんなの中でうまくしゃべれません。それでも松本さんは3回も4回もYさんに話を振りました。

番組の進行を止めず、他の出演者も気にかけ、Yさんにどんどん入れ込んでいくんです。

「これからやから、これから！」

私も松本さんにいじられるYさんをフォローするわけですけれど、松本さんのいじり方はフォローを超えて、これはもう最大限のやさしさだと思いました。

傍《はた》から見たら、ただ俳優さんをいじっているだけのように見えるかもしれませんが、私などは大感動していました。やさしいなあと。

いじられるたびに、Yさんは何回もカメラに映るわけです。緊張しているところが彼のおもしろさにつながるし、それにツッコむ松本さんもおもしろい。Yさん、松本さんがお互いに笑いを取れるのです。

松本さんのやさしさ、トークのテクニック、頭のよさ、すべてがすばらしいと思い、つくづくやさしくなければ笑いは生まれないと感じた日でありました。

会話のキャッチボールを生むリアクション

ある番組で私の大好きなミュージシャンのＪＵＪＵさんと対談したことがありました。お互いの好きなところを打ち明け合ったり、仕事観や人生観を語り合ったり。はたまた素顔のベールをちょこっとめくり合ったりと、とても充実した楽しい時間でした。

後日オンエアを観た人から、「ＪＵＪＵさんが話していると、ずっと久本さんの反応が小さい音で聞こえてくるような気がした」と言われて「あ！」と気がつきました。

相手が何かしゃべったら、必ずリアクションを取る。それは人の話を聞くことが大好きな私の癖かもしれません。

昔、自動車の教習所に通っていたときも、学科の時間は一番前の席で先生の講義を渾身のリアクションで聞いていていました。

「車は左折をしようとするときは、あらかじめできるだけ道路の左端に寄り……」

「うんうん！」

「交差点の側端に沿って徐行しながら通行します」
「なるほど！」
全員ほぼノーリアクションのシーンとした教室。結果、先生は私だけ見て講義をする。もう、くたくたでしたよ（笑）。いっておきますが、オーバーアクションや大声でリアクションをしていたわけではなく、うなずいたり自分にいいきかせるようにしていたんですが（笑）。お願いですから、ほかの人も見てくださいと……。

このリアクション癖は、私が大人になって身につけたものだと思います。おそらく聞き上手な人たちと出会って、気持ちのいい会話のキャッチボールを経験しながら、いつの間にか自分もその感覚を学んでいたのでしょう。習慣でも所作でも、気持ちのいいことは自然に身につくものですね。

人との接し方はそれぞれタイプがあるとは思いますが、私のような性格は黙ったまま人の話を聞くことのほうが難しい。逆の立場で、自分から何かを伝えようとするとき、相手のノーリアクションほどつらいものもありません。「私の言っていることがまちがっているのかな」とか「ちゃんと伝わっているのかな」と不安になってしまいます。

だから私は相手の話にきちんとリアクションをして、「聞いていますよ」というアピールをするのです。これは会話のキャッチボールをするために大事なことだと思います。「聞いていますよ」というアピールは、会話を楽しむ気持ちや話をしてくれてありがとうという相手への感謝も伝えてくれるのだと思っています。

駆け出しの頃、バラエティー番組でひな壇にいるときも、先輩に言われましたね。

「おまえ、映らないのにホントによくうなずくな」

確かにそうです。MCの方が何かいうたびに、「うん！」「へ⁈」「ほう〜！」とすべてに自然にリアクションをしていました。またまたいっておきますが、目立とうとして大声を出していたわけではなく、私なりにMCの方と会話のキャッチボールをしている感覚だったのだと思います。

ここ数年、テレビではワイプ（メイン画面の片隅に表示される小窓のような画面）を使って出演者のリアクションを映すことが当たり前になってきていますが、私はこのワイプだけの仕事というのもけっこうあるのです。なぜだろうと思ったら、たぶんリアクションが必要以上にいいからなんでしょうね（笑）。

こんな私の夢、それは年をとったら（もう年なんですけどね）、自分が会いたい人と一対一でじっくり語り尽くすトーク番組を持ちたいということです。目指せ黒柳徹子さん。ゲストの方に気持ちよくいくらでも話してもらえるような番組ができたら、本当に幸福だと思います。

エッセイ① テレビ番組と私

先入観なしでいいコミュニケーションを作る

私は小さい頃から人を笑わせて、喜んでもらうことが大好きでした。小学校3年か4年の頃には自分でコントを書いて練習して、学校で友だちを集めて、ワーッと笑わせていました。笑ってもらう、喜んでもらうというのが、私にとって気持ちのいいコミュニケーションだったのだと思います。

気持ちのいいことはずっと続けられます。私がこの仕事に突き進んだのも誰かとコミュニケーションを取るというのがとても好きだったからだろうし、好きということは、言い方を換えれば、それが得意なんだと思います。

ワハハ本舗の舞台からテレビの世界に飛び出していったのは、『今夜は最高!』（日本テレビ系列）というタモリさんの番組が始まりですが、世の中はバブルにお札が舞った1980年代。バラエティー番組だろうがトーク番組だろうが、どんな番組も予算をたくさん持っていましたから、いわゆるタレントさんや芸人さんだけではなく、さまざまなジャンルからレポーターを多数起用できた時代です。私もテレビに出始めた頃は、このレポーターの仕事が一番多かったんです。「は〜い、今、○○に来ていま〜す！」から始まって、そこの名物の食べ物やおじさんを紹介したり、人気スポットで何かを体験したり……。一般の方のお宅を訪問して、地元の人の輪に入って盛り上がるという内容も多かったですし、海外まで飛んでロケをしてオンエアはたったの10〜15分なんて、超贅沢な予算の使い方の企画もいっぱいありました。

そういうレポーターの仕事で一般の方をお宅訪問するとき、ディレクターさんに「先に1時間くらいお話しされますか?」と言われたことがあったんです。番組としては私が突然訪ねてきたように見せるけれども、その前に一回皆さんとお茶でも飲んでワイワイやりますかと。

「え、なんでですか?」と聞くと、「いや、そのほうが雰囲気をつかめるかと思って」とおっしゃる。

コミュニケーションの下地作りということなんですね。

なるほど。でも、私は下地なしで初対面の方と話すのは全然大丈夫だったので、丁重に辞退して、ロケ開始と同時にババッと現場に入っていき、「お父さ〜ん！」とやっていました。これはトークの技術が高かったわけでは決してなく、単に性格的に平気だったというだけなのですが……。

それを見て、「この人、いきなり現場でも大丈夫なんだ」みたいなことがわかったのでしょう。以降、ディレクターさんからそういった提案はなくなりました。

番組で初対面の方とお話しする際、確かに私は人見知り的要素がまったくありませんが、相手の方には声をかけやすい、かけにくいというタイプの違いがあります。

これは私の感覚なんですけれど、顔がパンッと明るい人、表情になんともいえない明るさが出ている人っているじゃないですか。そういう人たちとは会った瞬間からコミュニケーションがすごく取りやすいですね。

とはいえ、シャイで、もじもじしてうしろを向いている人たちに、こちらが「もう、うしろ向いちゃって！」という感じで甘えてのしかかると、意外と180度変わって「おっす！」と返してくれる方もいるのです。顔が強面《こわもて》で近寄りがたい、引いちゃうような感じの人に、探りで「またそうやって不機嫌そうな顔をして」といじってみると、びっくりするくらい顔が柔らかくなるときもあります。

相手の方のタイプをつかんで、いいコミュニケーションを作れるかは、ある種の賭けであり、自分の感覚を信じるしかありません。そのために大切なことは、相手に対してなんの先入観も持たずに飛び込んでいけるかということだと思います。

先入観なしで向かうということは、つまり相手に対していじわるな気分や不安、不快にさせる空気が一切ないということです。これはマニュアルがあるというものではなく、どんな状況でも常に相手に対して心を開いていられるかという、自分自身の心のあり方にかかってくると思っています。

もちろんプラスになるような先入観というのはあってもいいかもしれません。しかし、事前にイメージを固めすぎてしまうと、逆に私の中でその人のストライクゾーンを狭めてしまうかもしれません。へんに構えずに、お楽しみはこれからとワクワクドキドキの思いを大事に、なるべく「コミュニケーションの下地作り」は最小限にできればと考えています。

メインMCとサブMC

トーク番組やバラエティー番組にはメインとサブのMCがいるパターンが多いですが、役割は全然違います。メインMCは文字どおり、メインで番組を進行させ、ゲストの懐《ふところ》に入っていくようなトークを繰り広げる。その進行に従いながら、ネタに乗っかってワイワイ言ったり、フォローしたりするのがサブMC。

私がレギュラーでやらせていただいている『秘密のケンミンＳＨＯＷ』と『メレンゲの気持ち』（日本テレビ系列）という番組があります。この2つはコンセプトが全然違うので、私はＭＣのやり方も雰囲気の作り方も変えます。

『秘密のケンミンＳＨＯＷ』の場合――。まず、私の大好きなみのもんたさんというハートも大きな方がメインＭＣでいらっしゃいます。みのさんを囲むゲストのキャスティングのチョイス、これもすばらしいと思います。芸人さんはいるわ、若いアイドルはいるわ、モデルや役者さんはいるわで多彩、多才なメンバーがスタジオに並んで、生まれ故郷の県の代表選手になってアピールする。

そうなると芸人さんたちは前へ前へと出て、自分と故郷をあの手この手でアピールしてきますから、ＭＣとしても安心です。自分に話を振られたら即座にバッと盛り上げるし、誰かの話が大きくウケたら、そこに乗っかってきて盛り上げるという技術があります。

では、こういう大人数の場でサブＭＣの私が何に一番気をつけているのか。それは先ほどダウンタウンの松本さんを例にあげてお話ししましたが、収録中にあまりしゃべれていない方はいないかということです。たとえばアイドルや役者さんがうまくしゃべれてなかったり、あるいはしゃべる回数が少なかったりすると、私はあえてその人の持ち時間を延ばすようにします。

お味噌の話題だったら「実家ではどんな味噌使っているの？」とか「旦那さんにはご飯と味噌汁作って一緒に食べているの？」とか。

「朝は必ず味噌汁作っています」

「そんなつまらない情報はいらないわ！」

こんな感じであえて振って、ツッコんでいく。「自分で聞いておいて、そんな情報いらないなんてヒドイ」と芸人さんたちにはいわれますが（笑）。もちろん出演者が大人数ですから、最終的にそのカットが使われるかどうかは、編集上のバランスがあるのでわかりません。でも、それとは別に現場はみのさんのサポート役として私がちゃんとやらせていただかないといけないと思っています。番組の出来不出来だけではなく、出演者の方が「今日は来てよかった」といい気持ちで帰るのか、「あ〜あ」と後悔をして帰るのか、そこがどうしても私は気になってしまうんです。

「もっとうまくしゃべればよかった」とか「もっとがんばればよかった」とか、各自の反省は私もそうであるように、皆さん、大なり小なりあったとしても、「この番組、もう出たくない」と思われたら、私はＭＣ失格だと思っています。ゲストの方に「この番組にまた来たい」と思ってもらうこと、その方の活躍の場を少しでも増やして番組を盛り上げること、それが『秘密のケンミンＳＨＯＷ』における私の役割だと思っています。

イメージはファミレスのおしゃべり

『メレンゲの気持ち』は私、いとうあさこさん、三吉彩花さんの3人に伊野尾慧さんが加わって、毎週ゲストをお迎えするトークバラエティー番組です。

スタジオも出演者同士が間近で話せるセットになっているので、私もアットホームな雰囲気でいこうと心がけています。

年齢が近いゲストの方には友だち、先輩には後輩の雰囲気。若い子には親戚のおばちゃん感覚。

アットホームでゲストとの距離が近い番組であっても、ある種の「品」は大事だと思っています。たとえゲストがワイドショーなどで大きく取り上げられている方であっても、本人がご自分から話し出す場合をのぞいて、こちらからはあえて話題にしません。何かしらの理由で芸能活動から離れていた方が久し振りに登場した場合でも、「おかえりなさい！」というひと言とともに明るく番組をスタートさせて、ワイドショー的に根掘り葉掘りは聞かないようにしています。ただし自分から切り出してくださったり、世間的に逆に避けてしまったらおかしい話題のときは、ご本人に無理のない範囲で話してもらえるようツッコむことを心がけています。

バラエティーによく出ていらっしゃる方は、もちろんサービス精神旺盛。トークもお上手ですが、役者さんも意外と積極的で、「おもしろいことを言おう」と思って来られる方も多いんです。プロだなあと思います。

とはいえトーク番組ですから、台本や打ち合わせと違う展開になることもあります。打ち合わせではいきいきと教えてくれた話なのに、カメラが回ったらそこは絶対しゃべらないみたいな……。また、テレビで不特定多数の視聴者に向かって、自分の素《す》をさらけ出すようなおしゃべりはとても恥ずかしくてできないと、急にとまどう方もいらっしゃいます。確かにいざ本番となると、どこまで自分のことを話したらいいか、なかなか調整が難しいものです。

あれ？　打ち合わせと違うなと思ったとき、相手の雰囲気を見て、あえてそのネタには触れないときもあれば、この人だったらいえるなと思ったら、そこはいくときもあります。

「打ち合わせではこう言っていたじゃないですか」とツッコんだら、「あ、バレた?」って、エヘへって笑ってくれる方もいますしね。こういう流れにもっていけるのは、本当に友だち感覚の近い距離感があるからです。ゲストの方がファミレスでしゃべっているくらいのリラックスした気分になってくだされば最高。

リラックス効果のおかげでゲストの方が出演していることを忘れて、話が止まらない、まとまらない、あるいはよそにいっちゃうというときもあります。そのときはそのときで、パーッと頭をなんとか高速回転させながら「でもこうですよね?」「あれ、こっちじゃなかったですか」って修正を入れたり、その話がおもしろかったら、そっちに乗っかっていきます。台本がありますから、「趣味は何ですか?」という調子でネタに沿って進めていきますが、ゲストの受け答えに対するリアクションは全部アドリブです。もちろんこれは私の力だけではなく、MCを務めるほかのメンバーが助けてくれることによって、初めてできることです。

MCには視野の広さが必要

MCという仕事について、たとえば徳光和夫さんとか、みのさんとか、メインのドーンとした人がいて、自分はサブで自由にやっているほうがいいという人もいます。私もおもしろいことを言いたいしやりたいタイプなのに、ときどき、仕切ることに一生懸命になっちゃって私自身を出すことを忘れちゃう。「あ、いけねえ」というときもあります。だから、「久本さんは本当はメインじゃなくてサブメインくらいが、一番いいんじゃない？」と人に言われたりします。

うーん、自分ではわからないですね。

ただサブでやらせていただいているときでも、ＭＣ気質があるので、気がついたら仕切ってしまっているときがありますね。テンポを考えて、もう次のネタにいくのかなとか、性格上つい考えてしまいます。このＭＣ気質は、笑かして喜んでもらうという私の根っからのコミュニケーション好きから生まれたものでしょうけれど、進化させてくれたのはワハハ本舗の舞台だと思います。舞台は生《なま》もの。とめようがありません。何かアクシデントが発生しても、アドリブでどんどん進行していくことを学びました。

それから視野の広さもワハハで身につけました。これは、ＭＣにはまちがいなく必要です。

舞台をやっていると、照明によっては客席がよく見えることがあります。

「あ、お隣さんとおしゃべりしているな」「ああ、寝ているお客さんがいる」「え、帰っちゃった」とか。さらには「全然笑ってないな」とか、お客さんの顔の表情まで丸見えなんです。もう、目玉が動く動く（笑）。根性も据わりますし、「寝ているあの人が起きるまでがんばろう」みたいな気になります。若手の頃は自分さえ見えていなかったですけれど。

こういった舞台での経験のお陰で、テレビの現場でもカメラのこっち側にいながら、「スタッフさんが困っている」「あわてているな」とか、全部目の端っこに入ってくるようになりました。そういうときにあせらずに、間を持たせたりつないだり、臨機応変に対応しながら、場を仕切っていくこともMCの役割だと思います。

こうして振り返ってみると、やはり私はMC気質なんでしょうね。笑って喜んでもらうことが好きということはすでに私の血肉となっているので、自分にMCっ気があるなんて今まで感じたことはなかったけれど……。

テレビの制作側の方が私をMCに起用してくださって、私自身がMC気質だと知ることになったわけですから、不思議だなあと思いますし、本当にありがたいことです。

そもそも私のMCデビューは、突然のことでした。

番組名は忘れてしまいましたが、メインとサブの2人のMCの方がいて、私はレポーター陣の１人でした。その日、サブの方が急病で来られなくなってしまい、「じゃ、かわりに久本ちゃん、サブやって」とプロデューサーの方に言われたんです。

結果、自分ではいっぱいいっぱいでしたけれど、メインＭＣの隣で仕切りに乗りながら、「そうですか。じゃあ続いては……」とやるのは、全然違和感がなかったというか、楽しかったんです。

合間にギャグで「やっとＭＣまで這い上がりました！」とかも言ってみたんですけれど、この降って湧いたサブＭＣ初体験を見て、まわりから久本はＭＣで使えると思っていただいたみたいです。「あれ、いけるじゃん」と言われて、仕事がレポーターからサブＭＣにシフトしていったのは、それからです。病気でお休みになった、サブＭＣの方には大変申し訳ありませんが、この日の「代役ＭＣ」から私の道が切り開かれていったのでした。

第2章

先輩、後輩、仲間

誠実、丁寧は必ず誰かが見てくれている

人づきあいには、友情や愛情で育まれるものと、仕事の成果を求めるものがあります。後者の場合でも、もちろん職場で友情が生まれたり、恋愛に至ることもあるとは思いますが、もともとそこに集まった目的はあくまで仕事。上司と部下、タレントとマネージャーといった間柄は、すべていい仕事をするために出会っているわけです。

そこには利害関係もあるし、共通の目的もあります。仕事の人間関係の目的は結果を出すこと。友だち作りが目的ではありませんので、いくら好感が持てるような相手でも、いい仕事ができなければ関係は続きません

私にとっていい仕事をするということは、仕事に対して誠実であるということ。これが私の仕事の基本であり、鉄則です。人間関係の好き嫌いをいう前に、自分がどれだけ仕事に対してまじめに向き合っているかが大事だと思うのです。

誠実であること。丁寧であること。これは見ている人は必ず見ています。

「あの子はどんな仕事をやっても、ちゃんとまじめにやるなあ」「何事にも丁寧で気持ちがいい人だ」――こういう誰でもできる小さな努力を惜しまない人は、ちゃんとどこかで評価されていきます。仕事の人間関係というとついシビアな関係をイメージしがちでしょうが、私は決して冷え冷えとしたものとは思いません。評価を受けてうれしい気持ちになることもあれば、達成感から誇らしい気分になることもあります。

さて、私の職場はといえばワハハ本舗になりますが、この職場は一見するとシビアとはほど遠いムードにあふれています。とにかくすごく居心地がいいのです（笑）。

世の中的には上司が部下を飲み会に誘うのはけしからん、パワハラだという風潮ですが、うちは私も柴田さんもよく若手を誘って飲みにいきます。劇団にはその劇団ならではの芝居や飲み会の風土があるのですが、まあ、ここまでよく飲む劇団もないみたいです。地方公演に行っても毎日毎日みんなを誘って飲んだり、若手からも「今日はどこ行くんですか」と誘われたり、それでも飽きないというのはうちしかないんじゃないかと思います。公演が終わるとさっさと宿舎のホテルに帰って、翌日に備えてマッタリしているなんて劇団員はほとんどいません。

飲み会での若手は男女関係なく場持ちがいいんです。誰に対しても気配りができて、みんなを楽しませることができます。これは梅ちゃん（梅垣義明）が折に触れて、「おまえたちな、柴田や久本が目の前にいるから、飲み会でも気配りとか場持たせをやるんだと学んだだろう。それをおまえたちもやるんだぞ」と教育しているみたいですが、そうやって後輩たちも良き（？）伝統を受けついでいるみたいです（笑）。ですから、うちの劇団員の場持たせは天下一品です。

とはいえワハハ本舗も、やはりいい仕事をするために出会っている「職場」です。厳しい競争の世界があり、役の大きい小さい、出番のあるないの差がはっきりあります。「俺は踊りでも端のほうだ」「真ん中のポジションで踊りたかった」「あの子は出番があるけれど私はない」。悔しい思いもするし傷つくし、仲間と自分を比べてしまう。それでも一つの劇団がお客さんに喜んでいただく世界を作っていくためには、この人間関係の中でともに努力していかなきゃいけないわけです。クサっていたらますます差がついていく。どうやってモチベーションを上げて楽しんでいくか、一歩も二歩も先に出た仲間と一緒にやっていくか、それはもういろいろな思いが渦巻いているでしょうし、葛藤もあると思います。

行き詰まったり、力のなさに打ちひしがれているとき、そのたびに私は基本に戻って自分に問いかけます。自分はこの仕事に対してどれだけ誠実なのかと。

大変なときこそ、大きく変わるチャンス

ワハハ本舗を立ち上げて30年を越えました。この仕事は私の天職だと思っていますが、日々仕事をしていくと、大なり小なりいろいろなことで行き詰まります。自分で自分に飽きてきて、どんよりした気分に陥ったりもします。「ああ、停滞しているなあ」「この壁を一つぶち破らないと前に進めないな」と思う、私の仕事人生はそういうことの繰り返しです。そのたびに私は自分にこういい聞かせてきました。

大変なときこそ、「大きく」「変わる」チャンス！

変わるのは自分です。自分が変わらない限り、環境を変えたって何も状況は変わりません。むしろ自分が変われば、環境も変わる。

今、私の目の前にある壁は「世代交代」です。かつて自分がテレビの世界で抜擢していただいたように、芸能界は毎年新しい若い人たちが出てきます。特にここ5～6年は女芸人さんも男芸人さんも豊作で、次から次へとすばらしい人たちが出てきています。

そういう環境の中でキャリア三十数年、50代の自分がどうやってその若い人たちと一緒に番組を楽しく盛り上げていくのか。年代のギャップや時代のギャップを埋めながら、自分のおもしろさをどう表現していくか。それは新たな自分へのチャレンジなのです。

若い人たちに対して「遠慮しなくていいんだよ」といえる柔らかさと、「いっても昭和ですけれど、やらせてもらいますよ」という剛《つよ》さ、この両方を持っていたいと思います。老若柔剛織り交ぜたバランスの取り方が常に頭のなかを渦巻いています。

ここ数年でバランスの取り方がわかってきて、だんだん楽しんでいける自分になってきましたが、正直あがいていたつらい時期もありました。まあ、今も全部クリアしているわけではないですけど、自分との闘いなので逃げないで自分を変えて踏ん張るしか、自分が置かれた環境を変えることはできません。仕事に呼ばれるということは、私が必要とされている役割が今もそこにあるということですから。

私が知る限り、芸能界で長く残っている方々に共通しているのは、何歳になっても自分に力をつけていこうとするチャレンジ精神の人。そして、自分のいる場所を誰かと比べることもなく、自分らしく楽しんでいる人。人や環境のせいにしない人。そういう皆さんは浮き沈みの激しい芸能界において、行き詰まって高い壁にぶつかっても、そのたびに大きく変われる力や勇気、やさしさをもっていらっしゃいます。この心の強さ、豊かさは人間としての魅力にもつながります。素敵な輝きを放ちます。べつにテレビに出続けているわけではなくても、ライブをやったりコンサートをやったり、常に置かれた環境のなかで自分に挑戦しながら現役であり続けているのです。

もし皆さんのなかで、仕事でがんばっても、がんばっても認められないと思っている方がいたら、どうかもうあとひと踏ん張りがんばってみてください。

どんな厳しい環境にも負けない自分を作っていくチャンスです。それは時間がかかるかもしれません。でも、自分の個性や思いをちゃんと出せるような、そういう自分を作っていけるのは厳しい環境にいてこそです。絶対に努力もしなきゃいけないし、我慢も辛抱もいることですが、やり抜くと必ず次に行ける。

私も変わり続けたい。まだまだ、これから！　いよいよ、これから！　がんばります。

「ご相談が…」から始まるコミュニケーション

私が偉いなあと思う後輩は、自分の考えや希望を私に言いにくるとき、「姉さん、すみません、ちょっとご相談があるのですが……」と、必ずこのように切り出します。

私はこの「ご相談があるのですが……」というひと言は、話し合いを始めるにあたって有効な第一歩だと思います。後輩に信頼されているというところから話が始まるわけで、言われた私も気持ちがいいですし、聞く耳も「はい、どうぞ」と大きく開こうというものです。

「ご相談」の内容が大筋で後輩に任せていることだったならば、聞いたその場で、「あ、いいんじゃない、それで」と即答できることもあるでしょう。あるいはピンとこない場合でも、「私はこう思うけれど、どう思う?」とか、「ああ、なるほど。そういう考え方もあるよね」と素直に話し合いに入っていけます。

それがもし、「あ、姉さん、○○の件、これでお願いします」といきなり結論だけ投げられたら、内容がなんであれ、「ちょっと何、相談もなしにどういうこと？　少し考えさせてもらえる？」となってしまうかもしれません。天気予報的にいうと快晴とはならない、曇りのちへたすれば雨くらいの気持ちで話のテーブルに着くことになるでしょう。

前者と後者、仮に相手に了解してもらいたいことが同じだったとしても、話の持っていき方によって、人の気持ちというものは微妙に変わってくるものだと思いますし、聞く耳の開き具合も違ってきます。

私は自分の主張を受け入れてもらいたいとき、まず心を開いて相手に話を聞いてもらうことから始めます。そのためには決して相手を怒らせないこと。決めつけた話し方をしないこと。説得したいという気持ちより納得してもらうことを優先させて、穏やかなコミュニケーションを取るよう心がけます。

私の仕事の中で一例をあげるなら、たとえば舞台公演があるとします。一つのお芝居を作り上げる過程において、演出家の方の意向が最も重要であることはまちがいありませんし、出演する俳優陣が演出家の方を信頼することからいい舞台が作られるといっても過言ではありませんが、稽古の段階では演出についてお互いに意見を出し合う機会もあります。

ワハハ本舗の場合、ショースタイルの構成のため、衣装チェンジや早変わりのタイミングがとても大事なんです。出演者の側から「この場面でチェンジしたほうがスムーズじゃないですか」と最初から決めつけるような意見を出せば、演出家の方も「いや、そんなことはわかっているから」となってしまうかもしれません。「ご相談なんですけれど、このシーンでも（衣装の）早変わりをやろうと思えばできますが、どう思われますか？」と演出家の方に判断を委ねるような話の持っていき方をすれば、「あ、早変わりできるの？　じゃあ、ここで衣装チェンジしようか」となる可能性が高いと思います。

大事なのは一方的な決めつけではなく「コミュニケーション」。意見が対立したとしても、コミュニケーションがきちんと取れていれば、結果的に自分の意見を相手に理解してもらうことにつながります。

言葉の力で人は元気になる。ほめるときは具体的に

親しくさせていただいている大女優のAさんのお芝居を観にいったときのことです。舞台が終わってご挨拶に伺ったとき、あるベテラン司会者のBさんとばったり一緒になりました。私もBさんもAさんに舞台の感想を伝えたのですが、BさんがAさんをほめる言葉を横で聞いてハッとしました。

「Aさんは声が通るんですよね。本当にスーッと通っていく」

私みたいに「素敵でした」的なざっくりした感動ではなく、具体的にかつBさん自身の言葉で感動を伝えたわけです。言われたAさんも「あら、そうかしら」とにっこり笑って喜んでいらっしゃいました。

言葉の力は大きいなあと思いました。

私も自分の舞台を観にきてくださった方に、「あのうなづく表情がかわいかった」とかBさんのように具体的にほめてもらったら、うれしくなって、そこに集中して柄にも

なくもっとかわいくいこうと張り切っちゃいます。

　今の時代はほめてほめて人は育つといわれています。昭和の大人は「ほめてばっかりだとモヤシみたいな人間になってしまうんじゃないか」と心配しますが、社会でも学校でも人間関係が複雑化してストレスが多い現代、ほめるということは人を育てる上で一番大事なことだと思います。

　人のいいところを見つける、いいところを具体的な言葉にしてほめる。言葉は人を傷つけもするけれど、その力で喜びや希望を感じたり元気になったりする人もたくさんいます。そして、ほめられた人だけではなく、ほめた人も気持ちがよくなって元気になれると思います。

　言葉は相手に投げるものであると同時に、自分へと返ってくるものなのです。「がんばったね！　力つけたね」とほめながら、自分もがんばろうと思います。「負けちゃだめだよ」と励ましながら、その言葉に自分が励まされます。人をほめればほめるほど、励ませば励ますほどその言葉で自分自身も元気になるのです。

　もっといえば、子供の頃に絵がうまいとほめられて画家になりました、歌が上手だといわれて歌手になりました――そんな話はたくさんあります。ほめられることで自信につながって、人生さえも変わってことがあるんです。

ある有名作家を担当している編集者さんが教えてくれたのですが、その先生は一番最初に原稿を読んだ担当編集者の「先生、うまいですねえ」のひと言が最高のほめ言葉、一番うれしいのだとか。編集者にしてみれば作家だから文章がうまいのは当たり前のことで、それをほめるのは失礼だという感覚があって、「原稿ありがとうございます」というお礼止まりの場合も多いそうです。だから「うまいですねえ」という直球のほめ言葉を先生が喜んでくれるのは、意外だけれどうれしいとおっしゃっていました。編集者さんの気持ちも先生の気持ちもよくわかります。

人は何歳になっても、ほめられるとうれしいものなのです。

先日、ワハハ本舗の後輩が舞台を観にきて、私をほめてくれました。

「姉さん、お客さんを巻き込みながら、１人でよく30分間も持たせられますね」

もう明日も持たせてやろう！　と思いました。

「あんなことは姉さんしかできませんよ」

よっしゃー、任せろ！　です。たとえおせじでも、うれしい。がんばろうと、はりきっちゃいます。言葉の力で人の心にはいくらでもやる気が湧いてくるものなのです。

飲み会の会話から開けるチャンスもある

最近は会社などで飲みにいく機会がすっかり減っているという話をよく聞きます。減っているどころか、上司や先輩に無理に付き合わされる、愚痴を聞かされる……と、若者たちの間では評判が悪いようです。そんな話を耳にすると、ワハハ本舗で後輩たちをばんばん誘っている私は、イエローカードを出されたような気分です。

ワハハ本舗という職場は、まあ特殊な環境だといっていいと思いますので、一概に読者の皆さんがお勤めになっている会社と比較はできないかもしれませんが、私自身は職場の人間関係を築くためには、先輩、後輩、同僚が一緒に食べたり飲んだりすることは、とても大事だと思っています。

舞台の稽古の場では、一つのものを一緒に作り上げるという一体感は生まれますが、個々にほんわか親密になれたり、一気に相手の心に近づけるチャンスは、なかなかありません。稽古はやればやるほど常に時間は足りないし、緊張感が走っている真剣勝負の場。冗談を言ったり、おしゃべりしている暇はありません。そんなときに「かんぱ〜い。おつかれ〜」で始まる飲み会があれば、ゆるい空気の中で少しでも心を解きほぐし、お互いの距離感を縮めることができます。

賛否両論あるとは思いますが、職場の飲み会は、無理矢理参加させられる場合は別にして、仲間同士お酒が入ってリラックスしている状態をいい意味で利用した、仕事の延長なのかもしれません。考えてみれば、私たちも気がつくと真面目に芝居の話をしていることもあるのです。飲み会での「飲みにケーション」は、お互いわかり合い、最終的にはいい仕事をするためにあるのでしょう。というか、そういう飲み会が大事ですよね。

告白しますが、私は飲み会で自分の劣等感を克服する転機をつかむことができました。大げさなようですが本当の話、今の私があるのは飲み会のおかげなのです。

ワハハ本舗を立ち上げた当時、人を笑わせることが大好きなのに、ヴィジュアルも笑いも中途半端。自分の個性ってなんだろう、おもしろいことってどうすれば出てくるのだろうと、仲間の絆《きずな》とは別のところで、舞台で自分を表現できないもどかしさに、もんもんとしている毎日でした。そんな私でしたが、飲み会では大阪弁丸出しの話で盛り上げ、みんなからおもしろがられていたのです。誰かが何かいったら、ポーンと切り返して笑いを取る。私にとって飲み会は「稽古場よりも自分らしさを発揮できる場」だったのです。そこで演出家の喰《たべ》始《はじめ》さんが私にいってくれました。

「久本はおもしろいことを日常でやっている。このままの感じを舞台で出すことが大事なんじゃないかな。ありのままでいいんだよ」

そのひと言にはっと気づきました。コンプレックスにのまれていた私は、ありのままの自分を出せるようになろうと決意しました。こうあらねばという考え方に縛られていた心のロープを解き放ち、自分の中のもんもんを一気に爆発させることができたのです。

現在の私にとって、ワハハ本舗の飲み会は別の意味でありがたい役割も果たしてくれます。テレビなどほかの仕事があって、どうしても稽古に時間どおりに行けないとき、後輩に全体の流れや私のシーンを覚えてもらって、稽古場到着後にマンツーマンで教えてもらうことがあります。あるいは稽古が終わってから、同じように復習に付き合ってもらうこともあります。お礼は飲み会。好きなものを食べて、好きなものを飲んで、後輩たちの笑顔をつまみに私も楽しくストレス解消。やっぱり飲み会は私にとって、楽しく、先輩・後輩の絆も深められる大切な時間です。

怒らない私が怒るとき

仲間とワハハ本舗を立ち上げてから、私が後輩に対して「激怒」と呼べるほどの怒りをあらわにしたのは、おそらく3回くらいだと思います。

自分でいうのもなんですけれど、私は怒りっぽい性格ではありません。もちろん人間ですから、喜怒哀楽の感情は全部持っていますので、腹が立つことはあります。でも長女の性分なのか、後輩がうまくないことをしていても、しばらく様子を見てから、「ちょっと違うかな?」とやんわり指摘する場合がほとんどです。怒るというより、注意ですよね。怒りの沸点にはなかなか到達しないほうだと思います。

私が腹を立てることがあるとするなら、責任を果たそうとしていない後輩を見たときです。仕事の責任を果たすというのは、最善を尽くして仕事をするということです。芝居がへたとかせりふを間違えたとか、それはしかたがないこと。私もとても人のことをいえる立場ではありませんし、責任の話ではありません。たとえ何かの失敗をしても、次には挽回しようという責任感があれば、成長できる可能性にもつながります。

でも、何回注意されても同じミスを繰り返す、しかも反省の念も感じられない、なのに自己主張は強い後輩がいたとしたら……私も沸点に到達、怒り出すでしょう。実際にワハハの公演の舞台裏で後輩の態度を見て、お恥ずかしい話ですが感情が抑えられなくなったことがありました。

責任を果たすということが私の仕事の基準であり、突き詰めるとそれは仕事に対する誠実さにかかわってくるのだと思います。だから私はたぶん、責任を放棄するような不誠実な人に接するのが苦手なのです。

たとえばガソリンスタンドに給油をしに入ったとき、スタンドの人が店先で座ったまだったとしたら。ウエイトレスが仏頂面で、こちらがオーダーしてもなんの返事もないと喫茶店があったとしたら。それはどう考えても仕事に対する責任放棄ですし、お客さんは必ず不愉快になります。

私たちの仕事もそうです。視聴者の皆さんに笑ってもらうための番組に出演させていただいている以上、今日は気分が悪いからおもしろいことはできません——などと口にすることは絶対にできません。ワハハ本舗の舞台のためにネタを作ってこなければいけないのに、用意してこないなど本来はあり得ません。「どんなに考えても思いつきませんでした」という後輩がいたら、それはまあ「百歩譲って明日に期待する」となりますが、「毎日バイトがあって」「飲み会があって」と言い訳をするようでしたら、全先輩が怒り出すでしょう。

最善を尽くすということは、やらなければいけないことに全力でチャレンジすること。そうやって仕事の責任を果たすことで、私たちは舞台に立たせていただいているのだし、ワハハ本舗という劇団を長い間続けてこられたのです。能力的な優劣や器用不器用、上手へたではありません。与えられた仕事はちゃんとしようや。これです。この当たり前の気持ちがないと何も生み出すことはできません。

そう考えると、それでも「どんなに考えても思いつきませんでした」と言われたら「すべってもいいから言ってみろ」となります。

それで後輩が口にしたひと言が、案の定、大すべりして、逆に爆笑になったりもするので、笑いの世界は難しいんです（笑）。

学校でみんなを笑わせながら夢見ていたこと

小学生のときの出来事で、今でも忘れられないことが2つあります。

1つは、クラスごとに合唱や朗読など日ごろの成果を披露する、学年発表会のときのことです。

私のクラスは何を発表したのか、そこはちょっと記憶が定かではないのですが、たしか順番に1人ずつ短いフレーズを言ってつないでいく、そんな構成だったと思います。

体育館のステージにひな壇式に全員が並んで、1人め、2人め、3人めとつないでいったのですが、A子ちゃんのところで突然、すぽっと穴に落ちたように流れが途切れてしまいました。緊張のあまり、言葉が詰まってしまったのです。

シーンと静まり返る体育館……。

一瞬の間があったあと、私はとっさに「うえ〜ん」と大きな声を出して担任の先生の泣きマネをやっていました。言葉に詰まってしまったA子ちゃんの緊張感が離れて立つ私にピーッと走ってきて、「あ、まずい、この子！」と思ったら、口が勝手に動いていたのです。

これ、ドッカーン受けました。ステージ上のクラスメイトも、床に体育座りしていたほかの生徒も先生も、緊張で言葉が出てこなかったA子ちゃんも、体育館にいる全員がはじけるように爆笑してくれたんです。

発表会のあとで、私は先生からも友だちからも絶賛されました。

「よくあの場の空気を変えてくれた」

「A子ちゃんが救われた」

それまでも私は人を笑わせることが好きで、おもしろいことを考えては練習して友だちに披露していたんですけれど、この「うえ〜ん」は突然、私から飛び出したのです。

勇気があるという話でもないですね。ビビる間もなく、自然に出てきたのです。自分でも不思議なくらい、間と空気を読んだ絶妙のアドリブ。

そして、A子ちゃん救出の一心だったのはまちがいありませんが、ドッカーン受けたとき、私、「あ、気持ちいいな、笑いを取るって」と思ったんです。休み時間に仲よしの友だちを集めて笑わせることはしていたけれど、仲間以外の大勢の前でこんな大きな笑いを取ったのは初めての経験でした。それもステージの上で。自分も周囲の人もハッピーエンドにしてしまう笑いの力ってすごいなと、改めて思いますね。

もう一つは、6年生のときに作文に書いた『将来の夢』です。

「私は将来、新聞記者になりたい。社会に出て男の人の中に交じって活躍したい。結婚なんて28歳くらいでいい」

こんなことを堂々と書いていました。新聞記者になりたいと書いたけれど、職業はなんでもよかった。今でいうキャリアウーマンになりたかったんですね。とにかく男の人に交じって社会でバリバリ活躍したいと12歳の頭で考えたとき、浮かんだ仕事が新聞記者でした。要するに自分は将来、社会に打って出たいと、バリバリ働きたい。そういうことなのです。

自分でも不思議だなと思います。大阪万博が開催された昭和45年のことです。この野望はいったいどこから芽生えたのだろうって。

私の母は保母さんをしていましたが、長女の私を生んだときに仕事をやめて専業主婦になりました。私と弟、妹の3人を育て上げて復帰しましたけれど、私の中では「働くお母さん」の姿が強く印象に残っていたわけではありません。ましてや女の子が「将来は何になりたいの？」と聞かれたら、「お嫁さん！」となる時代じゃないですか。統計によると、昭和45〜48年というのは第２次結婚ブームとかで、女の人の初婚年齢は20〜24歳がダントツでトップだったそうです。世間では23歳過ぎたら売れ残りとか、ハイミス、オールドミスというレッテルが貼られてしまいます。そういう時代に私は「結婚なんて28歳くらいでいい」と書いているわけです。

結婚なんて、ですよ。おかげさまで今も独身ですけれど（笑）。

やがて進路問題が現実的になってくると、私のバリバリ働くイメージは新聞記者だったり、保母さんだったりいろいろありましたけれど、結果、私が選んだ道は、職業こそ違えど、「バリバリ働く」ことが求められて、「社会に打って出る」必要がある世界でした。

バイトで実感した東京カルチャーショック

短大を卒業してから、２年ほど大阪の洋服屋さんで働いていました。そのときに友だちと東京に遊びに行き、たまたま観た舞台、東京ヴォードヴィルショーに大感動。自分はこの劇団に入ると決意しました。お陰さまで憧れの東京ヴォードヴィルショーに入団することができました。

同郷の友だちと2人でアパートを借りて、東京の生活がスタートしたわけですが、何をやるにもどこへ行くにもカルチャーショックの連続でした。

知り合いもいないし、土地勘もまるでありません。何より人の気質が違います。たとえば洋服屋さんに行ったとしますね。大阪の人はお客さんが入ってきたら、「いらっしゃ〜い！」と声をかけます。

「ちょっと見せてくだいね」と言えば、「もう全然ええよ〜。穴があくほど見てってや」というくらいのウエルカムさなんです。

私は東京に出てくる前にアルバイトでジーンズショップの店員をやっていましたが、冷やかしで見るだけのお客さんでも大歓迎でした。

それが当時の東京だと、「いらっしゃいませ」と落ち着いたトーンで迎えられて、私が「ちょっと見せてもらっていいですか」と言うと、フッと向こうに行っちゃうわけですよ。

へーッ、なに？　こわーッ！

私は想像外の店員さんの対応に、「絶対買わなあかんの？　ここ、絶対買わな許してもらへん？」とビビッてしまいました。

店員さんが奥のほうにいたり、ほかのお客さんに接客しているスキを見計らって、黙って洋服を見て、ほかのお客さんが入ってきたらなんでもない顔をして店を出ていくみたいな、ドキドキしながらの買物、コミュニケーションというものがないんだと思いました。今はずいぶん変わって、積極的にコミュニケーションしてくれる店員さんも増えましたよね。

下っ端の私は当然ですが劇団の給料はゼロ。東京の暮らしに右往左往しながらも稽古の合間にアルバイトをしました。

いつもおなかをすかせていましたから、まかない目当てで新宿の定食屋です。ここでも戸惑いの連続でしたね。

ある日のこと。「雅美ちゃん、お茶が切れたから買ってきて」と店のご主人に頼まれて、私はお使いに出ました。目当ての店までの道順を説明されても、土地勘もなく歩き出したらさっぱり。やっとの思いで店にたどり着き、お茶をレジに持っていったまではよかったんですけれど……。マンガみたいな話ですが、かけていたエプロンのポケットに穴があいていて、預かった５００円札（当時まだ５００円硬貨はありませんでした）を落っことしていたのです。

自分の財布は持ってきていません。えー、この展開どうする、私！　とあせりまくりましたが、買えないものは買えません。お茶を棚に戻して店を出ました。定食屋に帰って、ご主人に「すみません。５００円落としてしまってお茶を買えませんでした」と謝りました。そうしたらご主人は、

「ああ、そう。じゃあ時給から引いておくからな」

ええ⁉　５００円引かれたら時給ゼロやと、一瞬クラッとなりました。ご主人は悪い人ではないし、私のミスですから当然のことです。

そして月末の給料日。ご主人は「大丈夫。落とした５００円は引かなかったよ」と言って全額分のバイト料をくれました。最終的に許してくれていたんですね。

ご主人の気持ちに感謝しつつ、またしてもこれがクールな東京流かあと思いました。

ご主人が指示する東京弁もわかりませんでした。

たとえば、「そこのテーブル、片して」と言われて、私は〈片して〉がわからない。大阪では聞いたことがない言葉です。大阪だったら「片づけといて」か、「直しといて」ですから。あ、「直しといて」になると逆に東京人には通じませんね。

とにかく調理場の向こうから「片して」と言われたきり、私は意味がわからず立

ちすくんでしまいました。今の私だったら、すぐにその場で「すみません、片してってどういうことですか？　教えてください！」と聞くことができますが、東京にのまれて聞く勇気もなく、オロオロしている私に、定食を食べているお兄ちゃんがぼそっと「片づけてってこと」と教えてくれました。「はあ、そういう意味か」。ありがとうございます。助かった。きっとこの人も同じような思いをしたことがあるんやなあ。さめた都会のなかでオロオロする田舎者の私に、やさしい風を運んでくれた温かい思い出です。東京は地方から出てきた人がほとんどですから、私と同じように最初はとまどいっぱなしだった方も多いですよね。

東京デビューは空気が読めず、どこまでコミュニケーションをしていいのかおっかなびっくり。そんな失敗ばかりでしたね。

５人全員がプレーイングマネージャー

１９８４年、私は東京ヴォードヴィルショーの仲間４人と放送作家の喰始さんとでワハハ本舗を旗揚げしました。柴田理恵さん、佐藤正宏くん、村松利史さん、渡辺信子さん、そして私。全員がこれから自分たちのやりたい世界を作っていくんだというエネルギーだけはあふれていましたが、無名の劇団ですので仕事はほとんどない。スタッフもいない。ですから5人が1日交代で電話が1台あるだけの稽古場に行って、電話番をしていました。といっても電話なんてめったに鳴らないのですけどね。

マネージャーも5人で担当を決めて自分たちでやりました。全員がプレーイングマネージャー。柴田さんは佐藤くん担当という感じで。柴田さんと佐藤くんは東映のドラマに出ていましたので、5人の中ではけっこう仕事があって、かかってくる電話があればたいがいはこの2人のことでした。

私も電話番のときは、壁に貼ってある5人のスケジュールが書き込まれたカレンダーを見ながら、「来週の朝9時ですね、わかりました」とか、「柴田はこの日はちょっとNGです」とか、やっていましたね。

カレンダーの日にちを見まちがえて、ダブルブッキングをしたこともありました。電話を切って、今、受けたばかりの柴田さんの仕事を書き込もうとしたら、その日はすでにほかの仕事が入っている。

「すみませ〜ん！　この日、柴田はほかが入っていました！」

黒電話の受話器を握りながら、頭を下げたり。なつかしい日々です。

あるときは仕事先のディレクターに、「もうやめてくれませんか」と言われたこともありました。ギャラの交渉のことです。

「あなたご本人も出演する立場なのに、この人のギャラがこれこれになりませんかとか交渉をされたらやりづらいですから、やめてください」

もっともな話ですが、５人全員が役者兼マネージャーなのですから、どうしようもありません。

私の場合、85年にタモリさんの『今夜は最高！』に呼んでいただいたことがきっかけになって、テレビの仕事が入り始めましたが、専任のマネージャーをつけられるようになったのは90年に入った頃だったと思います。

それまでは現場はいつも１人で行っていましたし、番組で着る洋服も全部自分で借りて返して、ということをやっていました。なにしろお金がありませんから、知り合いのスタイリストさんにリース料がタダのところを紹介してもらうわけですが、これが子ども服なんですよ（笑）。おかげさまで子ども服でも入るサイズでしたので、活用させていただきました。あとは古着屋で安く手に入れて自分でリメイクしたり、少しお金が入ったらちょっとしたブランドものを買ってきて衣装にしたりしていました。

それでも私はおしゃれが好きでしたので、自分の好きなブランドにもリースのお願いに行きました。

「すみません。久本雅美と申しますが、○○という番組の撮影用に洋服を貸していただけませんか？」

「久本……さん？　ああ、うちは○○さんに貸しているから貸してあげられないのよ」

売れっ子のタレントさんの名前を出されてピシャッと断られます。ブランドの方の立場も理解できますが、当時は「わぁー、キビしい世界だなぁ。洋服を借りるのも人を見て決められる」と感じました。早く好きなブランドを借りられるように、認めてもらえるようになってみせると心から思いました。

第3章

仕事を続ける心根

「不自由」とは時間がないことではなく、心に余裕がないこと

90年代、ありがたいことに私は、テレビにラジオに舞台、CM、イベントなどあらゆる仕事をいただけるようになり、働きに働く日々でした。バラエティー番組では『メレンゲの気持ち』が始まり、『笑っていいとも!』（フジテレビ系列）のレギュラーになったのもこの時代です。とにかく朝から晩までスケジュールが隙間なく組まれていて、テレビ局をはしごする毎日。休みもほとんどありませんでした。

さらには、そこにワハハ本舗の舞台が入ってきます。ほかのメンバーたちはきっちり稽古をして丁寧に作り上げていく。私は稽古の時間を十分に捻出できないため、なかなか自分で納得できるものが作れないわけです。あせります。不安になります。もっとおもしろいことを考えなければと思って、テレビの楽屋でも移動の車の中でも常に考え続けていました。体も気持ちもへとへとです。

友だちとゆっくり会うこともできないし、お正月も休みなし。旅行に行くこともでき

ません。

こうやって仕事をさせていただいて、本当にありがたい限りですけれども、私には全然自由がなくて楽しくない、苦しい。私はだんだん自分がどうしたいのか、どうすべきなのかがわからなくなってきました。

悩みに悩んで、考え抜いて、ようやく一つの結論にたどり着いたのです。それは私は十分に自由に生きているじゃないかということでした。

自分が売れていない無名時代はめちゃくちゃ時間がありました。アルバイトをして劇団の稽古に行って舞台に立つ。それしかやることがないわけですから、時間の自由はものすごくあるのです。

でもそのかわり、心が不自由でした。

明日はどうなるんだろう？　2年後は何をやっているんだろう？　私はこの先どうなっていくのだろう？

そんな漠とした不安がいつも心の中に潜んでいて、心の余裕がありませんでした。私は洋服が大好きでしたが、なにしろ年じゅう、お金がなくて貧乏でしたから、洋服屋さんの前を通ると心が躍るよりも「ああ、お金があったら、あれもこれも買いたい……」と暗い気持ちになったりするわけです。

数年前の自分を振り返ったとき、「あれ？」と気がつきました。「今の私って、自由じゃん！」と。

自分たちの劇団を持つことができた、舞台に立っている。テレビをはじめ、いろいろなお仕事をさせてもらっている。

なかなか会えない友だちもいるけれど、身近な友だちや劇団仲間とはちょこちょこ時間を見つけて飲んでいる。

大好きな仕事をして、やりたいことができて……。自由とは時間があるかどうかではなくて、心の持ちようなんだと実感しました。

時間があっても心が満たされていなければ不自由。でも時間がなくても心が充実していれば、いつでも自由でいられるのです。何をやっても楽しめる自分。感謝できる自分になること。要は自分の心がどうなのか、時間をどう使うかなのです。そう思えたとき、気持ちがすっと楽になりました。

「やさしい」と「気が弱い」は紙一重

私は短大時代に友だちから「三倍ちゃん」と呼ばれていました。何ごとも人の3倍考えすぎてしまうから三倍ちゃん（笑）。

そんな三倍ちゃんのくせにおもしろいことが好きなお調子者だし、その人によかれと思ったらあれこれワーッと口に出してしまう。そしてワーッとやったあとに、

私「いいすぎたかな。もっとほかのいい方があったかなあ……」

友「気にしなくてええよ。全然大丈夫だよ。何を気にしているの？」

私「いや、こんないい方しなければよかったかなあと思ってさぁ……」

こんな感じで、人前で盛り上がっては、そのあとで落ち込むというパターン。

これは私の生き方の癖なんだなと気づくことができたのは、大人になってきてからです。親元を離れて飛び込んだ新しい世界で、個性あふれるいろいろな人たちに出会って人間関係にもまれ、自分というものを客観的に眺められるようになったのでした。

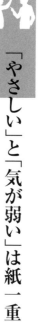

三倍ちゃんの気にしいが自分の癖ならば、その癖をプラスにできないかと発想を転換し、自分は考えすぎなのではなく、慎重派なんだと前向きに思うことにしたのです。そうしたら「人生に意味のないものはない。じっくり考えるのも自分にとって大事なことだ」とスコンと切り替えることができるようになりました。いろいろな方から意見を聞き、人としての生き方を教えていただいたことで、性格で人生が決まるのではなく、性格をどう活かすかによって人生は変わると思えるようになったのです。

私が慎重と考えすぎのあいだを行き来してきたように、その人の性格や考え方のもとになる個性は、光と影の対《つい》になっていると思うのです。

明るいとうるさい、落ち着きと陰気、スピーディーと短気、丁寧とのんびり。やさしいと気が弱いもそうですね。この対はすべて紙一重。この紙一重のどちらに転がるかで人生が変わってくるということです。話しべただという自覚があるなら、聞き上手になればいいいじゃないかと考える。決して自分を卑下することなく、性格の方向をどちらに向けていくか、前向きに積極的にとらえていけば、必ず誰でもそれぞれのよさが輝くはずです。

前向きな心がけは必ず周囲の人たちに伝わります。「あいつ、自分じゃのんびりしているというけど、丁寧だよな、仕事」となるはずです。私も三倍ちゃん時代を知っている友だちに「強くなったね」と言われます。

石橋を叩いて渡る慎重さは変わりませんが、出しどころと出し加減が少しずつわかってきたのだと思います。

これから気をつけなければいけない紙一重は、信念と頑固。年を重ねると、人は頑固になりやすいといいますので、私も気をつけなくてはいけません。

柔らかい気持ちを大切にして、アンチエイジングを心がけます。

現場に向かう行動力、舞台に立ち続ける勇気とアドレナリン

努力には即効性はありませんが、蓄えることはできます。努力したことはなに一つ無駄になりません。

私が今日読んだ小説が明日の仕事ですぐに活かせるというわけではないですが、本を読むという努力は、自分磨きのために役に立っているはずです。舞台や映画を観るために時間やエネルギーを費やしたという努力は、必ず身につきます。

こうした努力に加えて、もう一つ大事な努力があります。それは仕事の現場に立ち続ける努力です。

現場には、本を読んだり映画や舞台を観たりして得た知識や情報だけでは追いつかない生《なま》のエネルギーがあふれています。現場に立ったなら、生のエネルギーを吸収して自分に取り込み、打ち返していくことが必要になってきます。自分に足りないものを舞台の上で気づき、成長の足がかりにしていかなくてはいけません。常に自分の未熟さを思い知らされますし、うまいリアクションができない不安とも背中合わせです。さらには期待された役割を果たせなければ、次の舞台にはお呼びがかからない非情さをはらんでいます。

だから、「仕事の現場に立ち続ける努力」には勇気というアドレナリンも必要だと思うのです。

ミュージシャンや芸人さんの路上ライブも同じだと思います。ライブハウスのかわりに自分で路上という場を作り出して、その現場に立つだけでも努力が必要ですが、思いの丈《たけ》をこめて歌っても、ネタをやっても、道行く人は誰も立ち止まってくれないかもしれません。それでも路上ライブに挑戦し続ける皆さんは「こんな場所ではできない」と自分の殻に閉じこもるのではなく、努力と勇気をもって「路上でもなんでもいいから、やれる場を作ろう」と行動に出るのです。すばらしいと思います。

ワハハ本舗の３ガガヘッズというお笑いトリオは、ほぼ自腹プラス、ファンの方の寄付やサポーターの支援を受けて資金を貯め、世界27カ国を回って路上パフォーマンスを続けています。世界旅情ならぬ、世界路上です。道先案内人もいない貧乏ライブツアーなわけですから、これも絶対的に努力と勇気がなければできないことでしょう。後輩の話ですので手前味噌になりますが、私はひそかに感動しています。

努力×勇気は自分の足で立つ力を生み出し、必ず行動につながっていく。これは音楽や笑いの世界だけのことではなく、誰にでもあてはまるのではないでしょうか。

だから「自分は何をやりたいのかわからない」という人がいたら、私には重みのあるアドバイスなどはできないですが「どんな場でもいいから、なんでもいいからやってみようよ」というささやかなエールは贈ってあげたいと思うのです。

人生に自分の花を咲かせたい、自分がやるべきことを見つけたいと思う人は、どんな現場でも立ち続ける努力を怠らなければ、求めているものを見つけるチャンスが巡ってくるのではないでしょうか。せっかく勤めた会社を1週間でやめても、前向きな意志、働く努力を続ける意志があるのならばＯＫでしょう。たとえば「人間関係がいやだから……」と単に今の職場に対するうしろ向きな気持ちだけでやめるのと、次に向かって進もうとする前向きな意志が感じられるやめ方では、やはり意味が違うと思うのです。職場は仕事の技術を学ぶだけではなく、人間を作っていく場所でもあると思います。だからなくてはならない存在になっていこうとする努力と勇気。そこに前進があり、人生を切り開いていく源泉があると思うのです。

不安だらけの私でも、そのことは長い間、現場に立つことを続けてきて知ることができました。

自分のことだけ考えていると、結局は生きていけなくなる

「天国と地獄の長い箸」という話をご存知でしょうか？

地獄の食卓にごちそうがずらりと並んでいました。しかし地獄の人たちは目の前のごちそうを食べることができません。なぜかというと箸が自分の腕より長いため、ごちそうを挟むことはできても、自分の口に入れることができない。ごちそうを前にして地獄の人たちはおなかをすかせてイライラ、いがみ合うだけです。

一方の天国。こちらも地獄と同じようにごちそうが並んだ食卓があり、箸も地獄の人たちと同じ、自分の腕より長い箸でした。ところが地獄の人たちと違い、天国の人たちはみんなでごちそうを食べています。

どうやって？　天国の人たちは長い箸を自分のお向かいの人のために使っていました。お向かいの人のごちそうに箸先をのばして挟み、そのまま「はい、どうぞ」と口元に運んであげる。みんながそうやって、お互いに食べさせてあげていたのです。自分が食べるためではなく、まわりの人のために箸を使っている。「この人、おなかがすいている。どうぞ」と。そうしたら今度はやってもらった人が、「あなたにも」とお返しをしてくれる。そういう同じ心の人たちが天国には集まっているので、全員がごちそうをおいしくいただくことができるのでした。

地獄は地獄でこちらも同じ心の持ち主の集まりです。自分のことしか考えない人たちという集まり。全員が空腹に苦しみながら、永遠に目の前のごちそうを食べることができないでしょう。

同じ食卓、同じ長い箸。天国の人も地獄の人も、環境は同じなのですが、「心」が違いました。自分のことばかり考えているから、行き詰まってしまったのです。

自分のことは自分でやる。自分を見つめ、自分から逃げない。他人でもない、まわりの環境でもない、まずは自分がどうあるかが大事なことは根本ですが、地獄の長い箸のように心の矢印が自分のほうにばかり向いていたら、絶対に行き詰まって、人生が先細りしていくこともまた事実だと思います。「あの人は自分のことしか考えていない」と思われて、人が離れていく。自分一人しかいない孤独の人生になってしまいます。

人の前を明るくすることは、自分の前も明るくする。人のことを思い、行動することは、自分の人生を豊かに大きく開いていくことになる。一緒にやっている仲間、あるいは先輩や後輩、同僚などかかわりのある人たちの幸せも考えた上で、では自分はどうあるべきかと考えるのが理想なのでしょう。私はそういう視野の広い考え方、生き方をしている人に憧れますし、人間的な魅力を感じます。

私自身、そうなろうと心がけ、どれだけの人に支えられ、お世話になっているか……。「人間は一人では生きていけない」と改めて感じます。舞台でもテレビでも、どうがんばっても自分の力だけでは笑いを生み出すことができないのだから、共演者の皆さんに助けてもらっていることに感謝しながら、お客さんに楽しんでもらえる笑いを作っていきたいと思います。

長い箸とは相手を思いやる気持ち。そう考えると私が持っている箸は、自然とまわりの人の口元に向かっていくのです。

エッセイ③　私の「劇団」ストーリー

根拠のない自信だけを持って東京へ

テレビやライブでお客さんを大笑いさせてくれる芸人さんたちは、必ずしもクラスの人気者だった人たちばかりではありません。

地味でマニアックな世界に没頭していた人や、全然しゃべれなくて学校では一人でずっと本を読んでいたという人もいます。同級生の記憶に「おとなしかった」「暗いやつだった」と残っている人もいるでしょう。そういう人たちが今、バラエティー番組のMCをやっていたり、漫才コンテストのチャンピオンになったりしているのですから不思議なものです。

共通点があるとするなら、おもしろいことが好きだということ。お笑いが好きだということ。それが家庭環境や人間関係といった境遇によって表に出ない時期を経て、何かのきっかけでパーンとはじけ、結果、好きな道を手に入れることができたのではないでしょうか。

何かのきっかけで自分の内側に秘めていたものが、あるとき花開く。こういったことは、誰にでも起こり得るのではないかと思うのです。植えられた種がときを経て花咲くように、これまで気づいていなかった自分の性格や、ちょっとした趣味嗜好が前面に出てきて、人生が変わり始めるということが。

私の人生が変わり始めたのは、東京ヴォードヴィルショーに入団してからです。べつに将来設計が明確だったわけではなく、そこにあったのは根拠のない自信だけでした。それまで演劇のえの字も自分の中にあったことはなく、まったくもって演劇に興味がなかった私が、たまたま観た東京ヴォードヴィルショーの芝居に魂を撃ち抜かれてしまったのです。私はただその衝撃だけで、将来に向けて動き出しました。ある意味、勢いだけです。でも結果的にはこの勢いに乗って、自分の人生を出発できたのですから、根拠のない自信や無計画な情熱もときには大事だということになるのかもしれません。

私は生まれも育ちも大阪です。

おもしろいことが好きだし、人前でしゃべることも好きとなったら、吉本新喜劇という選択肢も出てきます。「おまえ、おもろいから吉本に行けよ」というのは大阪人の日常会話のようなものだし、中学の担任の先生にも「進学するか吉本に行くかどっちかだ」と言われたこともありました。

今は大きく変わりましたが、三十数年前の昭和50年代当時、「吉本に入る」とは、劇場に出る芸人さんか新喜劇に出る役者さんになることを指していました。それよりも私の学生時代の憧れの世界は、ラジオのディスクジョッキーでした。落合恵子さんのラジオ番組『セイ！ヤング』（文化放送）が大人気で、短大生のときは、しゃべりに磨きをかけようと思い、話し方教室に通ったりしていました。

当時の私は演劇への関心も接点も見事にありませんでした。私の好きな「笑い」「おもしろいこと」「しゃべり」が演劇がつながるなんて発想はまったくなかったし、劇団の公演などを観たこともありませんでした。大阪で芝居といえば、それこそ吉本新喜劇か松竹新喜劇。吉本だったら、岡八郎さんの決めぜりふでゲラゲラ笑い、松竹であれば藤山寛美さんの舞台で泣き笑いです。私も好きで観ていましたが、そこは大人の笑いの世界というか、若い自分が同じ舞台に立つ姿は想像もできませんでした。

そんなとき、たまたま話し方教室で親しくなった友だちが東京に遊びにいくというので、私もついていったのです。その友だちは俳優志望だったので「東京ヴォードヴィルショーって劇団が今、おもしろいらしいよ。観にいく？」と誘われ、予備知識ゼロで足を運んだわけです。

カルチャーショックを超えた衝撃が走りました。

まず、舞台に登場する役者さんが、自分と年の離れた大人ばかりじゃない！　若い人たちがワーッと舞台に出てきて、スタイリッシュなギャグを連発する。笑いの中からストーリーが生まれてくるというか……。

「えー、こんなにカッコいい笑いがあるんだ！」とたった1回の観劇ではまってしまいました。「私もここに入る！」と。

大阪に帰ってから、何回も何回もヴォードヴィルに電話をして、「入団させてください」と押しの一手で頼み込みました。そうすると「採らない採らない採らない。今年はオーディションはないないない！」と3倍返しで即答されるわけです。

だったら東京に行くしかない！　やる気満々だった私はすぐに決意しました。

アホでよかったと本当に思っています。夢しか見ていませんでした。だから迷いなく行けたのですね。ちょうどその頃、ロックシンガーのジャニス・ジョプリンをモデルにした映画『ローズ』が流行っていまして、ベッド・ミドラー演ずる片田舎に住む女の子が大スターになっていくというストーリーが、さらにたっぷり私をあおってくれました。

上京決行の日、弟が借りてきたレンタカーで洋服とカセットデッキと布団を積んで、「どこに行くんや?」と聞く父に、「東京にちょっとドライブ」と言ったまま、東京に出てきたわけです。途中休憩のドライブインで、妹からもらった手紙を読もうと封筒を開けたら、「がんばってね」などと書かれた妹のやさしさあふれる言葉の数々と、そしてなんと5千円札が入っていました。「えーっ、16歳の妹が餞別をくれた」。5千円なんて貴重なお金なのに……胸がいっぱいになりました。

そのとき、ラジオから松山千春さんの曲「大空と大地の中で」が流れてきました。歌詞の内容が東京へ向かう自分の気持ち、家族のやさしさとリンクして、絶対にがんばる、ひと旗あげるぞと号泣してしまいました。

だからといって悲壮感はありません。

「東京に行って、やったるで! 新たな出発や」という喜びのほうが何十倍も大きかったのです。そして、長いドライブを終えてがらんとした家具も何もない古ぼけたアパートに到着したのですが、疲れを感じることもなく、心は高揚しっぱなしでした。

動き出したのは「衝動」、目標は「継続」

東京に着いた翌日に、私は東京ヴォードヴィルショーの事務所に行き、入団したいと直談判。突然来た私に、マネージャーさんは「おまえか、大阪から毎日電話してきたのは」と、私のねばりにしぶしぶ「それじゃあ、（座長の佐藤）Ｂ作に会って気に入ってもらえたら入団できるから。面接の日を連絡する」という返事をもらいました。いよいよ始まった自分の挑戦に泣きそうなほど興奮して、どうやって帰ったのか記憶がないくらいでした。

後日、電話があり、Ｂ作さんと面接。「おまえは何ができる？」と質問されて、答えは「元気です！」。「そうだな、元気が一番だな」と苦笑いされながらも、合格をいただきました。「よーし、やってやるぞ」とやる気が沸き上がってきました。新しい生活が始まったとはいえバイトのみの生活で、若いし、とにかくやる気まんまん。私は正直エネルギーが余ってしようがなかったので、家の近所をやたらランニングしたり、劇団の稽古場に行っては掃除をしていました

話を少し現在に戻しますが、この掃除をする私の姿を見ていたのが、脚本家の大石静さんでした。２００７年に、私が念願の『ミヤコ蝶々物語』（テレビ朝日系列）

をやらせていただいたとき、大石さんが脚本を担当されていたのですが、撮影の途中で様子を見にこられた大石さんが、唐突に「久本さん、東京ヴォードヴィルショーの稽古場を毎日、掃除をしていましたよね」といわれて、私は驚きました。

「真面目に掃除しているあなたの姿を見て、必ず売れると思っていたのよ」

「えーーーっ?!」

四半世紀も前に掃除をする無名の私を見ていてくれた人がいたなんて！　大石さんは自分の劇団の稽古のために、東京ヴォードヴィルショーの稽古場を借りてらっしゃって、そこで私の掃除をする姿をご覧になっていたそうです。どこで誰が見ているかわからないものですね。あり余るエネルギーの使い道をまちがわないでよかったと思いました（笑）。

とはいえ根拠のない自信という浮かれたエネルギーは、日々の稽古でコテンパンにやられて、あっという間に切れてしまいました。浮かれた生活は終了です。

笑いそのものが難しいし、演技はまったくのド素人。

「まっすぐ立て！」

「立っています」のつもりが、鏡で見たら体が斜めになっている。お客さんにお尻を向けてしまったりとか。

初めて柴田さんとダブルキャストになったとき、２人でいろいろ考えて「こういうふうに受け答えをしよう」と作ったら、「せっかくのダブルキャストなのに、なんで２人で同じ芝居をしているんだ！」を怒られて、「正座！　昼飯抜き！」と言われたこともあります。柴田さんと２人で稽古場に正座して、みんながごはんを食べているのをずっと見ている自分は何をやっているんだろうかと、なさけなくて仕方ありませんでした。

晴れて入団が認められたとき、先輩から最初に言われたことは、「久本、続けるっていうのは難しいんだぞ」ということでした。そのときはやる気満々だし、やめるなんて考えられませんでした。しかし毎日怒られるわ、途方に暮れるわ、才能のなさに打ちひしがれるわ、まわりと比べたら何もできないわ、本当にどうなっていくんだろう……と現実に直面するようになると、先輩からいただいた「続ける」という言葉がどれだけ難しいかを実感させられました。

これはもう自分との闘いだと悟りました。

「東京に行けばなんとかなる」と思った自分を信じ抜くしかない。あのときの勢いや情熱を信じ抜こうと――。

これが好き、こうなりたい、変わりたい。どんなことでもいいのだと思います。

何か自分の中に衝動が生まれたら、それを自信にして動いてみる。準備運動なしでもいい、予備知識もなしでいいと思います。

確かに一度しかない人生だから、慎重にいこうという考え方も大事。でもそういうことばかりを気にしすぎて、走り出す前に、こうなったらどうしよう、あれもできない、これもしていないと考えすぎて行動しないより、何か一つ感じるものがあったら、とりあえず動き出してみることも必要だったと思います。衝動にかられて何かにチャレンジしていくなかで、つかめるものがきっとあるはずです。当時の私がつかんだものは「続ける」ことでした。

笑いの力、笑いに携わる人の悲しき性《さが》

私にとっては、笑いが好きだということが絶対的なよりどころです。東京に出てきて東京ヴォードヴィルショーに感動してから、唐十郎さんの状況劇場や自由劇場、石橋蓮司さんの第七病棟、劇団東京乾電池……などなどを観まくっていくわけですが、うわー、こんなに芝居があるのかとびっくりしました。どの芝居を観てもカッコいい。李麗仙さんがパッカーンとテントを割って、「私はここ！」と見得を

切る迫力にカッコイイ！　緑魔子さんの妖艶さにステキ！　吉田日出子さんの独特のかわいさに天才！　と夢中になりました。

貧乏暮らしで常に金欠でしたが、バイト料が入ったらとにかく劇場に通っていました。そこにはいろいろな芝居から学ぼうという気持ちがあったわけですが、でもやっぱり笑いの劇団である東京ヴォードヴィルショーに入ってよかったと、つくづく思いました。

演劇の大先輩の方々の舞台に対して、本当に申し訳ありませんが、若き日の一人の演劇ファンとしての（いや、客席にも芝居にくわしい方はいますので、ファンにもなり切れていない時代の）感想ですので、どうかお許しください。今だから告白しますけれど。笑いの要素がまったくない舞台を観ていると、私は死にそうになってしまいます（笑）。ファンタジーだったりミラクルだったり、怖くてもちょっとドキドキしたりの世界だったらいいのですが、シリアスな要素だけでしたら、「あ、もうだめ。呼吸ができない」となってしまうのです。これは私だけでしょうか（笑）。もちろんシリアスな舞台に感動したこともあります。

私は笑いの力はすごいと思っています。観る人を幸せにできる力があると思います。だからといって笑いが簡単に生み出せるわけはなく、笑いに携わっている人たちは四六時中笑いのことを考えている場合が多いのです。プライベートでとてもつらいことや悲しいことがあっても、「ネタができたな」と思ってしまうのが、笑いにかかわる人間の性《さが》です。たとえば失恋や別れ話なんて、かなりおいしいと思ってしまうところがあります。

私自身も昔、彼氏に別れ話を切り出されたとき、ものすごくショックで、

「あと1日でお付き合い365日になるから、別れるのはあと1日待って」

と泣きそうになりながら、よくわからないすがり方をしました。それを聞いた彼氏が、間髪を入れずに一言、

「1日も待てない」

そう断言したとき、思わず私、「いい間で返すねえ。それ、おもしろい!」と笑ってしまいそうになりました。

すごく悲しいのに、話しながら泣いてしまうくらいの状況なのに、そこにひとひらの笑いが舞い落ちてきたら、もう一人の自分がそれに食いついてしまうのです。

答えを知りたかったあの頃

東京ヴォードヴィルショーで出会った仲間とワハハ本舗を立ち上げたのは、自分たちがおもしろがっていること、バカバカしいと思っていることを徹底してやりたかったからです。

ヴォードヴィルは笑い中心の舞台から、新たな方向へ進もうとしていた時期でした。私はほかのメンバーから「久本もおいでよ」と誘われた側でしたが、正直、迷いました。大きな劇団にいたら立派な劇場でできるし、残ったほうが精進さえしていけば役者を続けられるんじゃないか。

私は自分に問いかけました。今、自分がやっていることが本当にやりたかったこと？

2～3時間の上演のうち、私が出るのはほんの2～3分。前半、ダンサーとしてダダッと舞台に出てパーッと動いては消える。それから1時間半出番がなくて、次に、ひと言のせりふ「そうだ！　そうなのか！」。それでおしまい。観にきてくれた人に、「おもしろかったよ」といわれても、ほとんど出ていないから「ありがとう」というしかありません。

大阪公演のとき、親戚15人くらいが観にきてくれて、私が舞台に出ただけで「おお!」と拍手喝采してくれました。もう恥ずかしくて恥ずかしくて。先輩から「おまえの親戚、すげえ」なんて言われて(笑)。

このままの自分で終わってしまってはだめだ。外に飛び出して痛い目にあってナンボ。自分がやりたい笑いが正解か不正解か、答えが知りたい。自問自答の末、その一点をもって私は仲間との独立の道を選びました。

やめると決めたのは東京ヴォードヴィルショー全国ツアーの真っ最中、京都公演のときでした。ツアー中は劇団員に1カ月分の食事代が支給され、これをやり繰りして食べていかなければいけないわけですが、私たちは「おーし、やめようぜ」とお互いの思いがあふれ出て、食事代の袋を握りしめて昼間から飲み屋へ直行。柴田理恵さんと渡辺信子さん、私の3人以外お客さんがいない2階の座敷でお銚子をばんばん頼んでは、片っ端から飲み干していきました。飲んでも飲んでも酔っぱらわない。いや、酔いは回っているのですが、いくらでも飲める。やめると決めたら、もういろんな思いがあふれて飲まずにいられなかったのです。下からお店の人が見にきましたから。「大丈夫ですか?」って。

「え、何がですか?」

「いえいえ、相当飲まれているもんやから」

「あ、大丈夫で〜す。もう1本！」

お金を払って店を出ても思い冷めやらず。「どうしよう、食費なくなったね」なんて言いながら、したたかに酔いが回った眼前には、自分たちの行く道が無限に広がって見えました。

喰さんが出した200万円の札束

劇団には役者だけでなく、役者を統括する演出家が必要です。私たちは東京ヴォードヴィルショーの文芸部にいた座付き作家の喰始さんに参加をお願いしました。喰さんはとにかくギャグ、ギャグ、ギャグ、ギャグの人。笑ってもらえればなんだってするんだというのがポリシーです。彼の笑いの世界は、まさに私たちが求めているものでした。

喰さんは日大芸術学部時代から放送作家として活躍していて、『巨泉×前武ゲバゲバ90分』や『カリキュラマシーン』（ともに日本テレビ系列）をはじめ、数多くのバラエティー番組を手がけていました。前途まったく未知数の私たちのお願いを受けたのは、長年やってきたテレビの世界はもう違うなと感じてきていたときで、ずっと一匹狼だったけれど、こうやって仲間でやっていくことも一つの経験であり、おもしろいチャンスかもしれないと思ったからだそうです。

劇団を立ち上げるにあたって、喰さんは「稽古場を持とう」とおっしゃったんです。

「稽古場を持たなくて転々とするのはイヤだ。だから稽古場をみんなで探して。貧乏くさいのはイヤなんだよ、貧乏はしょうがないけど、貧乏くさいのは染みついちゃうから」

そして帯封がついた200万円をポンと私たちの目の前に置いたのでした。それはそれはカッコよかった。

でも、このとき私たち全員が何を思ったかというと……。

「これ、持って逃げよう」(笑)。「劇団なんてどうでもいいや」(笑)。それから「やっぱこの人、金あるんだ！　よかった、この人と組んで！」でしたね、まちがいなく(笑)。

この潤沢な軍資金を得て、みんなで担当地区を分けて一斉に不動産屋を回ったのです。私が中野区、柴田さんが杉並区、佐藤正宏くんが渋谷区だったでしょうか。

「広さはいいけれど、真ん中に柱がある」

「使い勝手はよさそうだけど駅から遠すぎ」

目をつけた物件を持ちかえっては全員で検討していくなかで、佐藤くんが現在も使い続けている住所は渋谷区、青山エリアにある地下室を見つけてきたのでした。壁の塗装も不要だから安く借りることができたし、なんといっても青山。

「青山にしよう」

喰さんは即答でした。「青山に稽古場があるのがいいんだよ」。「稽古場はどこですか？」と聞かれて、「青山です」というのは、やっぱり響きが違います。

テレビとワハハの間で

こうして青山で始動開始したワハハ本舗の舞台から、やがて私はやがてテレビという巨大な世界に飛び込んでいくわけです。人もお金も桁違いのパワーを持つ恐ろしさとおもしろさに同時に触れて、私は必死にがんばりました。

久本雅美が売れるということは、同時にワハハ本舗が知られるということ。私はワハハ本舗の宣伝部長。世間にワハハの名前を知ってもらうためにがんばるんだという使命感と責任感にも燃えていました。そんな私に対して劇団のみんなも「宣伝部長、がんばれや！」と言って送り出してくれて、そこには変なライバル意識や嫉妬的なものとかは本当に一切ありませんでした。

でも自分で背負ったはずのこの役割が、私は少しずつしんどくなってくるのです。

一生懸命テレビと舞台を行き来してがんばっていたのですが、テレビはどんどん忙しくなる。それに比例して私は本拠地・ワハハ本舗の稽古時間がなくなっていく。みんなとの稽古に参加できないことが多くなっていくのです。今でこそ、私はロケ映像を受けてスタジオでトークをする立場になっていますが、当時はレポーターを務めていた番組も多く、3日間山の中にこもって、オンエアはたったの10分15分というような仕事はしょっちゅう。すごく時間がかかるけれど、数分のオンエアのためにロケに行くことがいっぱいありました。

そういうテレビの世界。精神的にも肉体的にもけっこうヘヴィだということが、劇団のみんなにわかってもらえない、私も伝えられない状況がたびたび出てきました。初日が迫る舞台の稽古にも思うように参加することができず、仲間とのコミュニケーションが少なくなっていったのです。

ロケが終わって夜8時に羽田に着いた。今から青山の稽古場に行くとたぶん9時を過ぎる。稽古の進み具合がわからないけれど早めに切り上げる感じならば行って稽古ができても30分、1時間あるかないか。その逆で、もしかしたらエンドレスで11時、12時になるかもしれない。でも私はへとへと。マネージャーもいないので両肩には重たい荷物がかかっている。

そういう状況で右肩の荷物を左肩にかけ直して、私は稽古場に電話を入れます。

「今、羽田なんだけど、今から行ったほうがいいかな？　状況はどんな感じ？」

「久本が今、羽田だってさ。どうしたらいいかって言ってるよ」

電話に出た相手が受話器の向こうのみんなに伝える声を私はじっと聞く。

「来るにきまってんだろ〜」「久本〜、来なきゃいけないだろ！」

みんなの声が聞こえてきます。はい。了解。「なんだよ〜」と思いながら稽古場に向かうわけです。

稽古を始めても心身とも疲れ切っているときは、テンションが上がり切れないこともあります。

「おまえ、何やってんだよ。遅れてきたからって」

稽古場で稽古はちゃんとやれという当然のツッコミです。劇団にはそれぞれ役者に出番の比重というものがあるわけですが、劇団外の仕事がどうであろうと、ワハハ本舗でのその比重は変わらない。変わってはいけない、全員が横一列で全力を出すというのが私たちの共通認識でした。

それは重々わかっています。私の状況をわかってほしい……。そういう気持ちになったことはないといったら嘘です。ありました、やっぱり。しんどいなあって。

たった1人の決断

出番の比重が変わらない分だけ、私には絶対的に時間が足りません。でも自分でいうのもなんですが、一方で当時「久本雅美を生で観てみたい」というお客さんが増えてきたことも確かだったと思います。私の中では、テレビで観ようが劇場で観ようが久本雅美はおもしろいといわれたいという思いも出てきます。

私はなんて、中途半端なことをやっているんだろうと思いました。疲れ切ってモチベーションもクオリティーも下がっている。納得いくものができないカッコ悪い自分を舞台にさらしたくないと思う。初めて舞台を観にきた人たちに「なんだよ久本、テレビじゃおもしろいのに舞台は意外にだめじゃん」といわれるのはいやだなあというプライドだけが、疲れた体の中でもぞもぞと動いているのです。

ついに私は「よし、しばらく舞台をやめよう」と決めました。今、ありがたいことに私はテレビの仕事が増えているわけだから、この世界での自分のポジションをしっかり確立させるためにも、しばらくは番組出演に専念しよう。

私が1人でそう決めた頃、ワハハ本舗の若手公演があったのです。喰さん作・演出の『大根の花道』というその舞台を、私は2階席から観ていました。

ものすごくよかったのです。80人も入れば満員の劇場が熱気であふれ、決してうまいとはいえないですが、若手たちが自分の個性を活かしながら与えられた役を一生懸命やっている。私は会場のお客さんたちと一緒にげらげら笑いながら、なんて素敵なんだと滂沱の涙をおさえることができませんでした。

ワハハ本舗ってカッコいい！

設立メンバーは出ていないけれど、若手の情熱とエネルギー、おもしろさがあふれている舞台。ワハハ本舗の原点を見たのかもしれません。カッコ悪くてもいい。本当に大事なものは何か、若手に教えてもらった気がしました。とにかく私はすべてに感動したのです。

私は逃げていたのかもしれない。舞台は絶対休んじゃいけない。このおもしろいワハハ本舗から離れちゃだめなんだ。テレビも舞台も両方やりこなして、本当の実力をつけていこうと思いました。

終演後、楽屋にいる喰さんのところに行って、「めちゃくちゃおもしろかったです」と舞台の感動を伝えました。そしたら、喰さんがニコニコして言ったのです。

「皆さ～ん、久本が帰ってきましたよー！」

え？　喰さんは私の思いを全部わかってくれていたの？　私はまたまた感動して涙があふれました。

間違いなくワハハ本舗が大好き

現在、ワハハの創立メンバーは50歳を優に越え、加齢に伴って、やる気はあっても体がついていきません（笑）。脳のほうもだんだんあやしくなってきています。脳の一部では生涯を通じて新しい神経細胞が生まれ続けるらしいので、そこを信じてやまないのですけれど。

若いとき、私たち創立メンバー5人は喰さんによく聞かれました。

「1人になってもワハハ本舗を続けるのか？　それくらいの気概は持っているの

か？」

全員が無言でした（笑）。

そんな究極の選択的な質問をいきなりされて、とまどったこともあります。１人で劇団なんて物理的に無理だろ、そんな精神力ないわって、ちまちまツッコミを入れたい気持ちもありました。でも喰さんは現実的な話ではなく、それくらいの思いをワハハ本舗に持っているのかということを私たちの口から聞きたかったのだと思うのです。

私と柴田さんがかろうじて「はあ、続けます……」と答えていたものですが、お陰さまで結果この32年間、やってきましたね。

後輩たちもスタッフも増えて大所帯になりました。私たちは彼ら彼女らが路頭に迷わないように、創立メンバーとして劇団経営に責任を持たなければいけない立場です。昔のように「はあ……」なんて締まらないことを言っていられません。

役者の道以外にシビアに背負うものがあるわけですから、創立したときのあの勢いだけで突っ走ることは、今はないですよ（笑）。

ワハハ本舗が大好きだという思いはずっと変わりません。なんでもありの笑いが過激だといわれるかもしれませんし、下ネタが多いといわれるかもしれません。でもそれがザ・ワハハ本舗。笑ってもらえるならなんでもしまっせという、このワールドが全員大好きだということはまちがいのないところです。

ここで私たちは育って、しのぎを削って、この32年間、懸命に自分と闘い続けてきたわけですから、ワハハ本舗は私そのものだといい切れます。

ワハハ本舗の世界は私たちの世界であり、私たちはこういう表現しかできません。私がテレビでやっている笑いもすべてワハハ本舗の笑いが根底にあります。ただテレビは放送禁止がありますので、舞台の笑いの１００分の1ですけれど。かろうじてやる「よろチクビ～」と股間叩き。これで十分でしょう（笑）。

でも本当にここまでよく続けてこられたと思います。まさかこんなに続くとは、創立メンバーは誰も想像していなかったはずです。なんたって生まれて初めて帯封がついた２００万の札束を見て、「これ持って逃げよう」と思った私たちですから（笑）。

私は生涯現役でやり続けたいし、ワハハ本舗の舞台に立ち続けたいので、リアルな問題としてこの劇団を、喰さん亡き後にどう存続させるかということを、仲間とともに真剣に考えていかなきゃいけないと思います。

どうなってもワハハワールド、ワハハイズムは存続させます。私はワハハの舞台に立ち続けます。

改めて…私の肩書き

テレビで私は「芸人枠」のなかで扱われますが、改めて記すと、自分のことを「芸人です」と名乗ったことはありません。芸人としてデビューしたわけではありませんし、テレビでワハハ本舗の一員として演目をやることはあっても、芸人としていわゆる「ネタ」をやることはありません。なんでしょう、私の肩書きは？　まあ、あえて決めるとしたら「劇団員」でしょうか。

劇団員といえども、笑いとおもしろいことが大好きですし、テレビでもいろいろなお仕事をさせていただいていますので、尊敬し敬愛する芸人さんたちの仲間に入れていただいているような状態のまま、日々お仕事をさせていただいているのです。

そういえば意識したことはなかったのですが、自分のホームであるワハハ本舗でも、私は後輩から芸人さんたちのように「姉さん」と呼ばれています。やっぱり私は「ワハハ本舗内芸人」のような立ち位置なのでしょうか。

これまで何度もお話ししてきたように、うちの劇団の基本的コミュニケーションの場は飲み会です。そこでの飲み方や話の振り方も芸人さん的なノリなんでしょう。みんなとワイワイ、そんな飲み方が大好きです。後輩たちに「私のいいところを三つ挙げてみて」というと、答えは「金もってる」「歯茎が長い」「一人上手」。私は「おい、こら！」とツッコんだり、ツッコまれたり。ゲラゲラ笑って盛り上がります。

「え、飲んじゃうの？　飲む前になんかおもしろい話をするんじゃないの？」

こんなツッコミを後輩に入れながら飲むと、楽しかったりするんです。うちの人間たちも基本的にお笑いが好きですから、そういうふうにツッコむとげらげら笑いながら返してきます。

これも前に書いていますが、うちの劇団は本当にファミリー的で仲がいいんです。劇団員の定着率も、他の劇団に比べて高いと思います。その理由の一つはワハハ本舗独特のお笑いの世界が好きなこと、そして自分たちがその世界をおもしろがっているということでしょう。このお笑いの表現がほかで認められるかというと、なかなか厳しいという現実もわかっていると思います。全員不器用ですし、人はいいけど華がある人間もほとんどいませんですし（笑）。

32年もやっていますから、もちろんやめていった人もいます。ワハハ本舗の笑いより自分の笑いをしたい、自分の世界を作りたいという人もあり、また違った目標をもって別のジャンルへ歩んでいったり。そうであれば別れもまた祝福すべきことじゃないでしょうか。ワハハ本舗にいたことが何かの役に立てば、うれしい限りです。

第4章

親しき仲の思いやり

距離を縮めることより相手を思いやることが会話の第一歩

人とどうつながるか、相手との距離をどう縮めるかということに、マニュアルはありません。仮にあったとしても、どんな間柄にも当てはまる法則のようなものは、おそらくないでしょう。

人の性格や相性は千差万別ですから、コミュニケーションの取り方もいろいろ。ぐいぐいと相手の懐に飛び込んでいくことも大事ですし、その反対に、時には相手を見守ることも大事だと思うのです。

「見守る」ということについて、私が感動したエピソードがあります。

その女性はある時期から社会やまわりの人たちの仕事のスピード感、人間関係の密度などについていけなくなり、家に引きこもってしまいました。

自分は消極的なダメ人間――。自分にそんなレッテルを貼って、外とのつながりを断とうとしている彼女を毎日のように訪ねてきた先輩がいました。先輩は何をするでもなく、彼女と一緒にテレビを見て笑って、ごはんを食べて帰っていくだけ。会話も、「これ、おいしいね」とつぶやけば「うん」と返ってくる、「お醤油取って」と頼めば「はい」と取ってくれる、そんなささやかなものだったと思います。

そうやって同じ部屋の中で静かに過ごす時間を重ねていくうちに、先輩は、

「今日は天気がいいから、外の空気を吸ってみる？」

こんなふうに彼女を誘いました。ドアの外で2人で思い切り深呼吸して、それでおしまい。次は近所の公園まで散歩。次はコンビニで買い物。そうやって先輩は少しずつ彼女を外に引っ張っていき、彼女も少しずつ外出するようになりました。そしてついに社会復帰もできたそうです。

私がもし先輩の立場だったら、彼女が一歩でも外に出られるようになったらうれしくなって、帰り際につい、「明日もがんばろう！」と自分のテンションだけでいってしまうかもしれません。あるいは彼女の心をなんとか開いて距離感を縮めるために、感動系のいい言葉をかけてあげなきゃと気を回しすぎて、余計な負担をかけたり、押しつけがましくなってしまうかもしれません。

でも先輩は彼女のことを思いやり、彼女のしたいことをやらせてあげ、ただただ寄り添ってあげたのでした。これは第1章でご紹介した、「北風と太陽」の話に通じます。

北風で外に押し出すのではなく、太陽のごとく温かい目で彼女を見守り続けたわけです。だからこそ彼女は心のコートを脱いで外に出ることができた。一緒に時間を過ごすことが先輩と彼女の最大の会話であり、最大の励ましでした。なんとしても彼女をもう一度外の世界に出させてあげたいという先輩の思いやり、相手が心を開いてくれるまで待てる忍耐、すばらしいなあと思いました。

どんなに話し方のテクニックを学んでも、会話の第一歩はどこまでも相手を思いやる誠実な心。これがなければ相手との距離は縮められないと思います。

私は小学5~6年生の子どもたちに、「どうやって友だちを作るの?」と聞いたことがありました。そして元気よく返ってきた答えがこれ。

「相手のいいところを見つけること! 自分から話しかけること! コミュニケーションを取ること!」

子供たちのほうが、よっぽどコミュニケーション上手なのかもしれません。

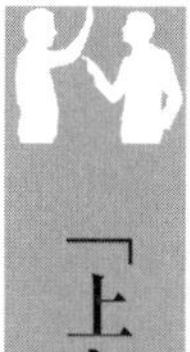

「上から目線」は禁物。負の感情をクールダウンさせるには

Mさんは夫が会社の人間関係に不満をこぼすたびに、夫のためを思って彼女曰く冷静に説教をするそうです。

「でも久本さん、私の気持ちが全然夫に伝わらなくて夫婦げんかになってしまうんです」

私はMさんの説教の内容を聞いて、そりゃ、伝わらないわと思いました。たとえば夫が、部下に指示が伝わらないとこぼすと……。

夫「やり方がまちがっていたから指摘したら、言い訳されて腹立ったわ！」

M「でもあなたの指示にも落ち度はあったんじゃないの？　どうなの？」

夫「ないよ！」

M「じゃあ、言い方はどう？　指摘じゃなくて感情的な非難になってない？」

夫「感情的なのは向こう。あいつは何か指摘されるといつも非難されたって思い込むんだよ」

M「あなたにそのつもりがなくても、そう思われたってことを考えなきゃ」

まずは話を聞きましょう。事の真相がどうであれ、やっぱり相手が怒っている、悲しんでいる、悔しがっているのだったら、一緒になって怒ってあげる、悲しんであげる、残念がってあげる。とにかく1回相手の気持ちを受け止めてあげること。それで気がおさまることってありますよね。

「それは腹立つね」とか「その人もちょっと考えすぎだよね」とか同調してあげた上で、「思うんだけど……」と指摘を始めれば相手にもスーっと入っていくと思います。

よかれと思った説教や説得でもタイミングが早いと火に油を注ぐようなもの。2人とも呼吸困難になっちゃいます。

私もそうですから。感情が治まる前に説教されたり、話を流されたりすると、すごく腹が立つのです（笑）。

たとえば、レストランで注文した料理をさんざん待たされた挙句、実はオーダーが通ってなかったというとき。「もう、信じらんないよ！」と私が友だちにこぼして、あっさり「忙しかったんじゃないの」と返されたら、怒りの持って行き場がなくなってしまいます。もし、友だちが「え～っ、ヒドイね、その店」と同調してくれたら、少しは心が和らぐと思うのです。ただただ聞いてもらいたいんですよね。

どこかでこれは自分が悪いとわかっていることもあります。Mさんの夫も口に出す愚痴とは裏腹にそういう自覚はあるかもしれません。その上で湧いちゃったこのネガティブ感情を治めるために、ちょっと1回話を聞いてほしい。できれば一緒にうなずいてほしい。特に自分が悪いという自覚が強いほど、誰かに話を聞いてもらいたいという気持ちが強くなるのかもしれません。

不思議なもので人は誰かにしゃべりながら、「自分はここに怒っていたのか」と自分の気持ちが整理できたり、「あれ、私が間違った？」とか「ここが残念だったんだな」とか答えが見えてきたりするのです。

私の場合はさらにしゃべりながら、結局、最後は自分の決意表明に変わります（笑）。「ほんと、こんなことがあって腹が立ったけれど私にも反省点はあるし、これからも負けないようにがんばります」と宣言している私。聞いてくれた人も、「ふんふん、よかったね。応援するよ」と拍手をしてくれて、めでたしめでたしになります。

1人であれこれ思っているとろくなことを考えないし、もんもんとするばかり。誰かに聞いてもらって、心の整理をしてすっきりする。逆の立場になったら、相手のネガティブな感情は1回受け止めて、一緒に怒ってあげること。お説教の早出しはくれぐれも禁物ですね。

女子の人生いろいろでも、「ガールズトークが苦手」はもったいない

先日テレビ局のエレベーターで、スタイリストさんの若いアシスタントの女の子と一緒に乗り合わせたことがありました。

エレベーターの中で私たちは、いつものように挨拶をしました。そのあと少し間があって、彼女は私に話しかけてきたのです。

「今日はいい天気ですね！」

私は「ほんとね」と笑って言葉を返しながら、思わず心の中で彼女に「偉いなあ！」と感心しちゃいました。

狭いエレベーターの中、目的の階に着くまで何十階であろうと2人の間に沈黙があっても、なんの問題もないはずです。でも、彼女は私にごく短い会話でも自分から話しかけた。そのさり気ない会話ができる、彼女の自然体のおおらかさを、とても素敵だと感じました。そして話しかけてもらった私はとてもうれしかったのです。

やっぱり声をかけ合って、会話をするのはコミュニケーションの基本。大事だなあとしみじみ思いました。なんでもないお天気の会話が、私をふわっとハッピーにしてくれたのですから。

会社の同僚たちとのガールズトークが苦手だという女性がいました。「ガールズ」たちは結婚していて、自分は独身。子どもの塾の選び方、家事をしない旦那の愚痴、失敗しないローストビーフの焼き方などなど、まったくトークのテーマに興味がなくて苦行の場だと嘆くのです。

確かに女子の場合、30歳を過ぎると独身、既婚、既婚で子どもありなし、専業主婦、共働きと人生が細かく枝分かれしていきます。人生のポジションは実に多種多彩。夢中で生きていればいるだけ、自分の持ち場の話を誰かに聞いてもらって、盛り上がりたくなるのは当たり前のことだと思います。そしてまた、ガールズたちの枝分かれした人生と話が合わなかったり、自分だけがその場で浮いちゃったりして、なんともいえない一人ぼっち感を抱えてさびしく家に帰るその気持ちも、50代後半・独身女子の私はよくわかります。

でも、一方で私はこうも思うのです。お互いの先入観、イメージ、距離感、さらにはその場の雰囲気だけで判断して、語らない、しゃべらない、近づかないというのはもったいなくない？　と。どんなポジションの女子でも、ガールズトークをポジティブに楽しむことはできるのではないでしょうか。

だから私は結婚ネタ、夫ネタで盛り上がるガールズトークだったら、「今後の参考として聞いておこう」と興味津々。さらに私は自分の得意分野〈50代後半・独身女子〉にまつわる話も披露します。

「ちょっとさ、みんなは家に帰ったら誰かが『おかえり』って言ってくれるんでしょ。私なんてセコムの音だけだよ」とか。そうすると既婚チームに笑ってもらいながら「久本ちゃん、自由でいいわ！」という声が出て、がぜん独身チームが張り切りだして……。まるで『秘密のケッコンＳＨＯＷ』VS『独身の気持ち』。私はついついＭＣ役をやってしまうのですが、ガールズトークにひな壇席はなし。全員が横並びのメインです。お互いの人生のがんばりをたたえ合って、失敗を笑い合って、参考事項のメモを取る。これぞガールズトークの醍醐味だと思います。

友人と仕事をするとき、守らなくてはいけないこと

友人と一線を越える――といっても残念ながら男女の関係ではなく、利害関係。友だちと仕事をする話です。

たとえば幼なじみと一緒に商売を始めるとか、大学時代の友人と起業する。あるいは自分の会社の仕事を友人に発注するとか、友だちとそういう関係になることは、決して珍しいことではないですよね。芸能界に置き換えると、友だち同士が飲んで話が盛り上がり、漫才師の方ならコンビを組むとか、ミュージシャンの方ならバンド、私たちだったら劇団を立ち上げるとか。笑いに対する感覚や音楽性、センスが合うということは、とても大事なことです。友人同士のリラックスした会話の中から、お互いのセンスが近いことを確認できて、仕事へと発展する。どんな仕事であれ、合わない人とやるより、合う人とやるほうが気持ちがいいものです。

でもそのかわり、その先にあるお金のことも含めたビジネスの関係となると、なかな

か難しい面があるのも確かです。

お金の問題だけではなく、仕事を続けているとお互いにそれまでは知らなかった面が出てきます。対外的な付き合いの中で、自分が把握していなかった相手の人間関係が見えてきたりもします。それぞれの担当する仕事が、成功するしないの格差も生まれてきます。漫才コンビやバンドでいえば、相方やメンバーの人気格差も避けて通れません。こういうシビアな問題が浮上してきたとき、友情が邪魔して話し合うことができなかったり、問うべきことを問えなかったり、どちらか一方だけが重荷を背負ったりとなってしまったら……。友情とビジネスの両立は難しいという結論になってしまうと思います。

私にとってワハハ本舗の仲間は、友人であり、ともに劇団を運営するパートナーでもあります。ワハハ本舗という1つのチームで、私たちは仕事をしていることになります。このチームは本当に居心地がいい場所ですが、だからこそここで公私混同をしてはいけないと思っています。お互いがワハハ本舗という舞台、そして会社（いちおう会社なんですよ）を成立させるために必要な人間であるかどうかが、仲間も後輩もいて自分のやりたい笑いを表現できる、この居心地のいい場所を守っていくためには、とても大事になってきます。気が合うとか、一緒に飲んで楽しいとかは別問題なんです。

ある俳優さんがインタビューで、自分の劇団は公演をやるたびに解散しそうになる、毎年公演をやっていたらとっくに解散していただろうとおっしゃっていました。

その気持ちは、私もわかる気がします。

私もふだんは柴田理恵さんと別々に仕事をしていますから、会うときは新鮮だし、刺激もあります。共通の業界ネタで、「あの番組はこうだって」「へえ！」と笑い合っています。でも、ワハハ本舗で一つの舞台を作ろうというとき、意見がくい違う場面があれば、たとえギクシャクする瞬間があっても、お互いが納得できる着地点を見つけなくてはいけません。時にはどちらかが我慢するとか、主張を取り下げなくてはいけないこともあるでしょう。もちろん私たちは根本的にいい戦友であり、同志であるという点はわかり合えていますが、それでもお互いが納得するまで話し合います。２人が一緒にワハハ本舗の舞台に立っている目的は、どこまでもお客さんに喜んでもらうことですから、目的がブレないようにすることが大事なのです。

友だちと仕事をするためには、公私のケジメという新たな一線を引く必要が出てきます。私はワハハ本舗の仲間との出会い、長年の付き合いを通じて、そのことを実感しました。

仲間がいるから比較してしまう。仲間がいるから自分が見えてくる

これまで歩いて来た道を振り返ったとき、一つだけ「これだけは、やらないようにしよう」と心に決めたことがあります。

それは他人と自分を比較することです。他人との比較が刺激になったり、励みになったり、目標になったりすることはとても大事だと思います。でも、自分を卑下したり落ち込んだり、他人を恨んだりすることになってしまったら、それは何も価値を生まないですし、心のダメージにつながります。

人間は、どうしても他人と自分を比較してしまうものです。私も若いときはそうでした。第3章でもお話ししましたが、短大時代は人の3倍、人を気にする三倍ちゃんと呼ばれたほどで、自分と他人を比較して自分はどうなんだろう、どう見られているんだろうといつも不安にかられていました。そういう三倍ちゃんを隠し持ったまま、ワハハ本舗を仲間と立ち上げたわけです。やがて自分の力のなさを歴然と感じるようになり、私

はどうなっていくのだろうと不安で不安で、まただんだん仲間と自分を比べるようになってしまいました。そして、そんな自分がいやでしようがありませんでした。

柴田さんは歴史ある明治大学の劇研、演劇研究部出身。男性メンバーも東京ヴォードヴィルショーの先輩、あるいは養成所の出身で舞台経験、舞台歴がある人ばかり。ズブの素人は私だけ。上京したばかりで何も知らない私は、柴田さんに発声法を教えてもらったり、2人でエチュードをやったりもしましたが、劇団を立ち上げてから肩を並べて稽古をしても、他のメンバーには追いつけない。私より何歩もずっと先にいるわけです。

稽古を終えてみんなでワイワイ飲む。最初は楽しいです。でもだんだん芝居や役について熱っぽい論議になってくると、自信のない私は言いたいことを言いながらも、みんなの顔色をうかがいつつ話すこともありました。もちろん毎日毎日、人と比べて落ち込んでいたわけではありません。ワハハ本舗という自分たちの夢を手に入れて、溌剌《はつらつ》とエネルギーに満ちた日々でもありました。思うに人と比べてしまうというのは、私の弱さのポイントの一つ。弱ってきたときに出てくる命の癖みたいなもの。

人と比較する弱さを捨てることができたのは、そんな自分とちゃんと向き合うようになったからこそです。他人でもない、周囲の環境でもない、自分が変わらなくちゃ！

自分にないものは出せないのだから、自分らしく輝くためにも自分を磨くしかない。そして、お互いのいいところを探しながら切磋琢磨《せっさたくま》することに価値があるし、それぞれが輝いていく。そう思えるようになった頃、私はだいぶ楽になれました。

私が好きな「桜梅桃李《おうばいとうり》」という言葉があります。桜は桜。梅は梅。桃は桃。李《すもも》は李。咲く時期も輝きも違う。それぞれに素晴らしい価値があり、それぞれにしか咲かない花がある。人と自分を比べるのではなく、昨日の自分と今日の自分を比べて、自分らしい花を咲かせることにこそ、人生の価値があるのだと。

不安とあせりの時代に励まし続けてくれた人がいてくださったからこそ、私は自分がどうあるべきかをつかむことができたのだと思います。よき友人、よき仲間こそ宝ですね。本当に感謝です。

友人からの苦言は励ましとイコール

　私も50代半ばを過ぎて、いよいよ公私ともに人生の後半、仕上げの時期にかかってきています。その自覚を持ちながらも、一方ではチャレンジャーであり続けたいという思いも持っています。今の若い人たちとのギャップや自分の感度の衰え、体力や反射神経の衰えなどを実感しながら、それでも舞台やテレビ番組でなんとかがんばりたいと思う。それゆえのあせりや不安もあります。

　そんなとき、私はいつも信頼する友人のもとに駆け寄ります。漠とした不安から具体的な問題まで、なんでも打ち明けて、問いかけるのです。

「今こんなことで悩んでいるんだけど、どう思う？　これでいいのかな？　まちがっていない？」

　よく女性の相談というのは答えを求めているのではなくて、背中を押してほしいだけという話を聞きますが、私と友人たちに関してそれは当てはまりません。いつも一緒に悩み、励まし続けてくれるけれども、決して私のイエスマンではないので、まちがっていると思えばピシッと言ってくれます。

でもその根底には、私のことをすごく大事にしてくれて、もっと大きくなってもらいたい、成長してもらいたいと思ってくれている愛情を感じるので、一切いやな気はしないのです。むしろ私のようにこの年まで独身で、しかも仕事をやっている人間に苦言を呈する人なんてなかなかいませんから、やはり友だちはかけがえのない存在だと改めて思います。

逆に私も友人には言うべきは言い、苦言も呈します。友人に何かを言うときは、へんな話、すごく緊張します。それは嫌われたらどうしようといった感情的なことではなく、私の言ったことによって元気になってもらえるかどうか、プラスの方向に向かってもらえるかどうかということに対しての緊張です。

苦言はその状況を好転させるためのもの。苦言はイコール励ましだと思います。決してその人を傷つけたり、叩きのめしたりするためのものではありません。そこは絶対にはき違えてはいけないと思います。

ケンカも覚悟でいうのは苦しい、いわれたほうはもっと苦しい。そういうシビアな苦言を伝えなければいけないときもあるでしょう。でも覚悟を持った真剣さは、必ず相手に通じます。もし通じなかったとしても、時が経って「あっ！　このことか」と友の苦言を思い出すときがきます。

人間とは不思議なもので、苦しいことから逃げたら、また同じところに帰ってきてしまうものです。逃げていたはずが、また同じことにぶち当たっているな……という経験を私もずいぶんしてきました。そして、「あっ！」と、記憶の底から友だちの苦言を思い出すのです。

友人からの苦言は励ましとイコールだ。信頼して、尊敬して、なんでも相談できる友人は、生き方を問う人生の先輩ともいえますし、友情は一番の宝ですね。

会いたいから時間を作る、努力をする

どんなに仕事や劇団の稽古が忙しくても、私は友だちと会う時間だけは絶対に作ります。これは昔から変わっていません。

たとえば私の仕事が午後2時から夜の9時まであるとしたら、私は友だちに電話して、「2時まで空いているよ。会って昼ごはんでも食べにいかない?」

「2時から仕事」じゃなくて、「2時まで空いている」。その時間まで会えることがうれしいのです。

仕事や舞台で使ったエネルギーが、友だちと会うことで充電されます。みんなの輪の中で話を聞き、一緒に笑う。ひとときのこととはいえ、それぞれの人生を疑似体験させてもらう。そういう人間らしい時間を持つことが、私にとって本当に大事なことなのです。

もちろん一人の時間を持って自分と向き合う時間も持ちます。幸いなことに一人暮らしですので、それについてはなんの障害もありません（笑）。人と会える時間帯だったら、出かけていきます。体が疲れたら整体に行くこともできますが、心の疲れに効くのはやっぱり友だちだとつくづく思います。

友だちは芸能界にもいますが、ごく普通の生活をしている人もたくさんいます。若い頃は刺激が欲しかったこともあり、アート的なものをやっている人に対して興味津々でした。ミュージシャンの人と知り合ったら朝まで飲んだり、芝居をやっている仲間ともよく集まったりしていましたが、今の私は普通のおばちゃん友だちと過ごす時間がめちゃくちゃおもしろくなっています。よく人生は劇にたとえられますが、皆さんそれぞれがかけがえのない人生の劇を演じています。どんだけ人生のドラマ、持っているの？といつも新しい発見があります。

推定68歳のレイコちゃんは明るくて、おもしろい人です。とてもその年齢に見えないことも確かですが、幼稚園のお孫さんには38歳と教えているという……。それでお孫さんは幼稚園の先生にも「おばあちゃんは38歳」と言ったらしく、先生からレイコちゃんに問い合わせが入りました。

「お孫さんがおばあちゃんは38歳と言っていますけれど……」

「孫がそう言っているんだから、本当です」

しれっと答えるレイコちゃんの人生劇場を、私は観客席で観て笑いこけるのです。元気をもらって勇気ももらって、パワーを充電する。本当に至福のひとときです。

人と会うということは、自分から連絡して誘うとか、日にちを決めるとか、意外と積極性が必要ですから、これは努力だと思うのです。

公称38歳のレイコちゃんをはじめ、ご近所で知り合いになったすごく仲がいいおばちゃん友だちが大好きだから、私はずっと大好きな努力をしています。

「食欲の秋だね。ごはん食べる?」「春だね。花見に行く?」「元気? どうしてる?」「顔見にいっていい?」と誘い続けます。

私の舞台を観にきてくれたりもします。「久本ちゃん、今度はいつ?」と言って、ご友人や旦那さんを連れてきてくれたりします。さらに知り合いが増えて、友人の輪が広がっていきます。

考えてみれば、ワハハ本舗の舞台を観にいくということは、友だちの側からすれば努力してくださっていますよね(笑)。

エッセイ④　日々の過ごし方

遠距離友愛は私の宝もの

私が生まれ育った大阪の地元には、私がどんな状況にいるときでも、変わらず私と付き合い続けてくれる仲間がいます。出会いのスタートは中学だったり高校だったり、ちょっと大人になった短大だったりとバラバラですが、青春時代の私の姿を知っているし、私も彼女たちの少女の顔を知っています。

私が東京に出るときも「元気でがんばってね」とみんなで送り出してくれて、時折、段ボールで私の好きな大阪ローカルな食材やお菓子を送ってくれました。友だちが東京のアパートに遊びに来たときは、「この部屋、暖房なくて寒いから」と言って、やれカーディガンを置いてけ、やれ手袋を置いてけと、オイハギみたいなこともしていました。

ワハハ本舗を作ったときも、ものすごく応援してくれました。「がんばれ！　すごいやん！」と自分のことのように喜んでくれて、大阪公演はいつもいつも観にきてくれました。そして、１９９６年の大阪厚生年金会館の公演のとき、舞台をずっと観続けてくれた友人が、楽屋に来て泣いているのです。

「小さな劇場から始まって、今日は大阪厚生年金会館。どんどん大きな会場になって……ようがんばったなあ。私はたくさんの人が笑っているのを見て泣いちゃった」

「いやいや、うちは笑いをやっているんだけど」と返す私も、やっぱり泣いちゃって。こうして思い出すだけで、また私は泣いてしまいます。

だから、私が「今度のお正月帰るよ」と電話を入れたら、大結集です。

東京と大阪。私は舞台やテレビの世界で、仲間は地元でしっかり根を張って暮らしている。始終くっついていた青春時代と違って、今はお互いの日常を知っているわけではありませんが、「おかえり！」「おつかれ！」「かんぱい！」の声で、たちまち私たちは時空を超えます。

ワイワイお酒を飲みながら話す会話はたわいもないことです。彼女たちの家庭や職場の話だったり、ちょっとした悩みや思いだったり。私もまとめて近況報告をします。

みんな愉快な仲間たちで、「ヒサモ（私の愛称）より私のほうがおもしろい」と言い続けているやつもいます（笑）。

こんなことをずーっと三十何年繰り返しているわけですからね。

これはもうすごい遠距離友愛だと思います。

美容室をオープンさせて、懸命にがんばっている友もいれば、ヤンキーだった友は結婚してしっかり家庭を守っている。独身のままご両親の介護に心身を尽くし、お看取りして、お兄ちゃんと暮らしている友もいます。その人生はさまざまです。だけど私がいうのもなんですけれど、みんな、誠実に生きています。人生に嘘がない、人生に負けていない、人生をなめていない。

そして、今でも大阪の舞台は何をさしおいても飛んできてくれる人たちです。

「久本がこんなにがんばっているんだから、私らが守らなあかんやないの」

私に何かあったとき、そう言って誰よりも率先して動いてくれる彼女たちには心から感謝しているし、尊敬できる。信頼の絆があります。

私が彼女たちのために何ができるのかというと、常に元気で、皆さんに笑ってもらえるようがんばり続けること。私のその姿が、少しでも彼女たちの励みになってくれればと思います。私もまた彼女たちの生き方が自分の励みになっているように。

「じゃ、お互いまたがんばろうな」と手を振って別れて、東京行きの新幹線に乗る。遠距離友愛は私にとって一生ものの宝です。

「ありのまま」と「そのまま」

「有名になりたい」という気持ちは、芸能界をめざす人たちならば、当然の願望でありモチベーションだと思います。そのためにテレビに出たいと言うし、テレビに出ているかどうかが、世間の有名ランキングの基準になっています。

私自身はとにかく仕事が好きだから、仕事で認められたい、仕事で皆さんに喜んでもらいたい。だから仕事がしたーい！　ということがモチベーションでした。それはイコール、「有名になりたい」につながっていくのでしょうが、「何より仕事がしたいです」という気持ちのほうがずっと大きかったですね。

順調に仕事がいただけるようになってくると、うれしいこともありますし、面倒なこともあります。芸能界の皆さんがよく言うのは、「親戚が増えた」ということです（笑）。

それとマスコミからは、いろいろなご意見をいただくこともあります。現代ではネット発信の匿名投稿も多いようです。これらは「有名税」と呼ばれていますが、たとえ事実ではなくても自分のことを書かれる分には、そんな税金払ってないわと思いつつ、ぐっと我慢して、仕方がないと思っても、家族のこととか、あるいは家族を心配させてしまうようなことを書かれると、どうしても悔しい、悲しい気持ちになってしまいます。

その反面「あなたを見ると元気になる。会えてうれしいです」と言っていただけると、本当にうれしく、ありがたく、「やってよかった！」と元気になります。励みになります。

30歳を越えた頃、一気に私の顔と名前を知っていただけるようになった時代は、見知らぬ人たちから声をかけられるのはうれしいけれど、頻繁になってくると、気疲れするというか、面倒だなと思ってしまうこともありました。友だちと一緒に食事をしている席にワイワイ入ってこられると、ちょっとつらいなとか。カメラを向けられて、「すみません、プライベートなんで」とご勘弁いただいたこともありました。その当時、街で私と出会って、もしいやな思いをされた方がいらしたら、この場をお借りしてお詫びしたいと思います。

でも最近は、「写真を一緒に撮ってください」と声をかけていただいたら、「ＯＫです！」と答えるようになりました。ただ、写真をとることでまわりに迷惑がかかったり、時間がなかったりすると、お断りさせていただくことはありますが。その点は何とぞ「よろチクビ～」。へん話、私もあと何年生きられるかわからないですから、皆さんが少しでも不快に感じるような行動はできるだけしたくないという心境に変化してきたのです。いっときの面倒に思える気持ちより、一期一会になるかもしれない縁を大事にしたいなと。１００％とは言い切れませんが、私にできることがあれば、やらせていただきますと思えるようになりました。

人の考え方というものは、どんどん変わってきますよね。

よく「ありのままでいい」と言われますが、「ありのままでいい」というのは、決して「そのままでいい」ということではありません。人として成長して、人間の器が大きくなっていくことを前提とし、そのなかで自分らしく誠実に、人に物事に向き合っていく。そこには責任がともなうわけですから、「ありのまま」って勇気がいりますし、強くなければいけないと思うのです。つらいことがあろうが、うれしいことがあろうが、さびしかろうが、自分の感情に振り回されず、何事に対しても区別や差別なく誠実に向き合うことができる人は、みんなから信頼され、慕われ、強くやさしく、しなやかな心の持ち主。そんな人間に一歩でも近づけたらと思います。自分が変われば、見える景色も変わりますよね。

生涯現役が私の目標です。もし１００歳になって、カメラを向けられたら「これはしわじゃないのよ、アクセサリーなの」と言えたら素敵ですよね（笑）。

まだまだ(?)結婚への道

男女のモテる条件のアンケート調査を特集した番組に出演したときのことです。この手のアンケート調査では、男性がモテる条件の上位には〈おもしろい〉は絶対に入っています。時代によってはベスト3くらいに入っていたりします。でも女性の条件にはフリップを何枚めくっても〈おもしろい〉は絶対入ってきません。

私の独身たる原因はここです。誰がなんと言おうと、そうです(笑)。近頃はお笑い芸人さんたちも結婚したり、出産したりと、仕事とお笑い業を両立している人もたくさんいますが、私の年代はなかなかいなかったですし、この年になると条件が悪くなる一方です。トホホ。

お笑いの女の人がモテるかどうかという問題ではなく、私がよく男性陣に質問するのは「お笑いの女の人をどう思いますか?」ということ。お笑いをやろうとする時点で好きですかと。

たとえばパッとテレビをつけて、彼氏がドラマやトーク番組などで活躍していたら、自慢になると思うのです。だけど私の場合は、ナスのかぶりものを着て街中であばれていたりとか、セーラー服で道行く人を追いかけ回したり、特に世間でいう結婚適齢期の頃は絶好調でやっていました。その後もご存じの通り、「よろチクビ～」と股間叩きです。

もし自分の彼女がテレビに出てそんなことをやっていたら、男性の皆さんはどう思いますか？

「どうだ、俺の彼女、めちゃくちゃかわいいだろ」なんていう人はいないですよね。

だから私も含めてお笑いの女の人たちがいつも言うのは、お笑いであることも丸ごと含めて好きになってもらわないとダメだということ。

もし、彼氏に「舞台でそんなことやめてくれ」「よろチクビ～なんてやらないでくれ」なんて言われたら、もう絶対的にダメです。

やっぱり私の仕事に対する姿勢に対して、ある意味敬意を払ってくれて、その上で魅力的だと認めてくれないと恋愛や結婚は成り立たないでしょうね。

以前、松竹新喜劇に出させていただいたとき、渋谷天外さんが、

「彼氏とか結婚考えてんのやったら、俺が紹介しよか」

そう言ってくれました。天外兄さんの友だちはすごくいい人ばかりで、その中から私に合う人を紹介してくださるとのこと。どんなタイプがいいのか、条件をきかれました。

「誠実で私の仕事を絶対に認めてくれて、自由にさせてくれる人がいい。経済力もないよりはあったほうがいいんだけど」

「わかった！　3人くらいあげとくから、それでちょっとごはんでも食べにいけや」

「行く行く！」

話はトントン拍子で決まり、いつ食事に行くかという日程の段取りになりました。

「今はバタバタしているから松竹の舞台終わってからでいいですか？」

手帳をめくりながら私がそういうと、

「おまえ、先にちゃんとうちの舞台を観てもらって、久本雅美はどうなんかっていうふうに認めてもらわないと無理やで。いきなりワハハはないやろ」

渋谷さんにスパンと言われてしまいまして（笑）。

「いきなりワハハ観せたら、みんな引くやろ。お笑いでも、まず下ネタがない松竹から慣らしていけ」ということなのです。

私、久本雅美の全貌を見てもらうためにはそういう段階を経ないと、どうやら厳しいらしいのです、世の中の男性的には。確かにテレビに出ている私しか知らなくてワハハ本舗の舞台は観たことがない人が、私の舞台を観たときにどう思うのかという渋谷さんの忠告は、とてもリアルな話だと思います。

何年か前に彼氏がいたときに、私の舞台を初めて観たら引きましたからね。一緒に観にきた彼氏の友だちも引きました。「いいのか、この子で？」と。私はそのとき、長い陰毛付きの全身タイツを着て踊っていましたから（笑）。もうドン引きだったわけですよ。

舞台を観てくれた彼氏に、私が聞きたかったのはワハハ本舗でやっている私の笑いを含めて、私のことを女性として好きか嫌いか。長い陰毛付き全身タイツを着た女は好きかと。

天外さんの話は、なるほどなと思いました。

天外さんともう一人、私の婚活問題に現実感のあるアドバイスをしてくれる人がいます。ワハハ本舗の日舞の振り付けを担当している橘左梗先生です。

ずばり言ってくれます。

「久本ちゃん、男の人には気をつけて。これから近づいてくる人はお金目当てだからね」

私のことがすごく心配だそうです。ちょっと男の人といい感じになった話をすると、すかさず「お金目当てかもしれないから、気をつけて」。

体目当てかもしれないという心配はされませんけれど（笑）。

人生のカウントダウンが始まった

20代から30代、40代と、私はテレビではレギュラー番組以外にもゲストでたくさんの番組に出ていましたので、本当に休みがなかったんです。あったとしても、せいぜい1日や2日。連休という文字は私の手帳にはありませんでした。

今はきちんとスケジュールが組まれているので、お正月もお盆も休めることがありますし、週の休みも計画的に入れています。

若いときの私は、絶対死なないくらいの勢いで生きていて、仲間うちでは「寝ない女」で有名でした。常に舞台や仕事のことを考えていたり、寝ている間に何かおもしろいことが起こったらどうしようと、寝る時間さえもったいないと思っていたのです。そんな私でもさすがに年を重ねると謙虚に「あれ？　あとカウントダウンまでいくつなんだろう」と思うようになるんですね。そして「ああ、そうだよな」と自問自答して、答えが出ました。

これから先は仕事はもちろんのこと、プライベートでもさまざまな挑戦をして、人生を充実させていきたい。

というわけで年をとったことで生まれたこの時間を、私は大小いろいろメニューを取り揃えて有効に使っています。じっとしているのはもったいないと思ってしまうのが私の性分なのです。

海外旅行もその一つ。年間や週間で仕事のスケジュールがきちんと決まっているので、事前に余裕をもって行先や日程を組めるようになりました。今まで仕事ではけっこう海外に行っているんです。昔のバブル時代は番組に予算がたくさんあったので海外ロケもばんばん組んでいたし、私もイケイケドンドンの時代でしたから、毎月、海外に飛んでパスポートが真っ黒。世界の有名な観光地に行っては「ここのホテルは1泊いくらでございまして」とか、「キャー、見てください！　この肉のボリューム！」とかやっていました。

でもちょっと落ち着いて時間もできたし、さあ人生をどう仕上げていくかとなった今、振り返ったら海外で見聞きしたはずの（レポートまでした！）名所も何もすっかり忘れているのです。

たとえばパリ。仕事で3回行きました。エッフェル塔も凱旋門もばっちりきっちり行きました。でも滞在時間は30分あったかどうか。行ったという記憶はあるけれども、その場のことは全然覚えていません。

ちゃんと行こう。行かなきゃいけないなって反省しました。これまでの人生で優先順位に入ってこなかった外国に触れてみたい。時間があって多少の経済的余裕もあるんだったら、プライベートで世界を見て回ってもいいんじゃないかと思ったわけです。

56歳を過ぎての海外志向、ワハハ本舗の後輩には「姉さん、遅すぎます」と言われましたが……。

旅の友は行動パターンが同じ人

というわけで人生4回目のパリ旅行に行ってきました。日程は5日間。いざパリに出かけるとなると、昔の「パリ0泊3日」的な弾丸海外ロケの記憶がよみがえってきます。5日も休めると思うと、うっかり世界中に行けちゃうような気になってきます（笑）。私のスタイリストさんと2人旅でしたが、土曜日に日本を出て帰ってきたのが水曜日。我ながら駆け足強行スケジュールで楽しんできました。

パリに着いたその日の夜は、ホテルの部屋に荷物を置いたらシャンゼリゼのリドへ。豪華絢爛なダンスショーを観る。

翌日は朝早くから、パリに住む先輩に再会。先輩に案内していただいて、ジヴェルニーにあるモネの家に向かう。有名な「睡蓮」が咲く庭園も堪能し、駆け足で郊外の村々も観光。駆け足でパリに戻ってごはんを食べる。夜11時にエッフェル塔へ。10分間のライトアップ時間だけシャカシャカ写真を撮って、１日中楽しんでホテルに戻る。

３日めの朝も早くから行動開始。ロンドンへ。ビッグベンだ、バッキンガム宮殿だと名所を巡り、お土産も買ってパリに2時間かけて戻ってくる。

４日め。朝起きてパリ市内を見て、夜はクレージーホースへ。リドに続いて歌と踊りのショーを観る。

こんな感じのパリ2人旅です。歩き回っているときはまだいいのですが、さすがにリドやクレージーホースでショーを観ていると、時差ボケで何回も睡魔に襲われてコクン。「あっ……」と目を開けると、いつの間にかリドのショーは舞台のセットが噴水に変わっていたし、クレージーホースは裸のダンサーがコメディアンに変わっていました。

改めて書き並べてみると、やりたいことを詰め込むだけ詰め込んでいます。しかも時差ボケという発想なしで。でも一緒に行ったスタイリストさんも私と同じくらいじっとしていない症候群、もったいない病ですから、てきぱき動くのが好きなのです。

「今日は朝ご飯をゆっくり食べて部屋で休んで、午後から動きましょう」なんて、私たち2人にはあり得ません。

「8時半にご飯。30分で食べたら歯を磨いて9時15分出勤」みたいな感じです。スタイリストさんも「え～～」とか「早！」とか不満を口にすることなく、まったく当たり前の顔で、「そうしましょう。9時に部屋に戻って15分にドアの外ですね」と言う。2人で時間どおりに動いて、スケジュールを全部こなして無事、飛行機に乗って帰ってきました。

　帰国した夜、バーッと一気に荷解《と》きを始めました。洗濯ものは洗濯カゴに入れ、「これは○○ちゃん」とかお土産の仕分けをして、それ以外のものは元の場所にしまう。空っぽになったトランクもクローゼットに戻して、その夜のうちに旅行の後片づけは全部終了。

　いつまでもだらだらと部屋が片づかないままというのも、落ち着かない性分なのです。

それにしても行動パターンが似た者同士の旅行は気楽でいいですね。やりたいことや観たいものが一緒でも、まったり派や無理しない派の友人だと、せっかくの旅行がお互いにストレスになってしまうこともあります。本当はまったり、ゆっくりするのが旅なんですよね。そんなことができる人に憧れますが、どうしてももったいない病が……。だから私は一緒にいる時間が長い旅行に関しては、私と同じ持病の人を誘うのです。

この年になって海外志向が出てきたとき、一緒に行ける親しい人がいることをしみじみありがたく思います。

体は大事。自分の器だから

レギュラー番組中心の仕事になってできた時間は、体を整えていくことにも有効に使っています。ちゃんとやらなきゃと思っていたボイストレーニングにも行っています。整体も週1回。ナンチャンこと南原清隆さんから「プロポーションを保つためにダンスがいい」と聞いたので、ダンスも始めようかなと思ったりもしています。

お酒は飲んでいますが、量は減りました。ときどき、びっくりするくらい飲んじゃうこともありますが（笑）。たばこはひと足早く40歳のときにやめていましたが、以前はものすごいチェーンスモーカーでした。

やめられたきっかけは実に不思議。突然降ってきたとしかいいようがありません。それはワハハ本舗の舞台中。袖幕で私は柴田理恵さんと並んでメイクをしていました。

「ねえ、久本。たばこなんだけどさ、また地方公演もずっと回らなきゃいけないし、喉のこともあるから、本当に吸いたいと思ったときしか吸わないようにしない？」

柴田さんが、ぼそっと私に言いました。

「あ、いいね」

考える間もなく私は即答しました。「え？」も「なに、急に？」もなく、もっといえば禁煙について考えていたわけでもないのに、柴田さんの言葉がするりと体に入ってきたのです。

それでお互いに「本当に吸いたくなったら吸ってよし」と逃げ場も用意して禁煙

を始めたわけですが、柴田さんは比較的早くピタッとやめてしまいました。私は１週間くらいかな。本当に吸いたいと思うときが１日３本になり、２本になり、１本になって禁煙地帯にソフトランディングしたという感じです。

それまでは私、１日３箱くらい平気でがんがん吸っていました。番組の休憩中も吸って吸って、収録が長いと「たばこ吸いたいなあ。長いなあ」とイライラして。たばこを切らしたときは、短いシケモクを灰皿からつまみ出して吸っていました。まつ毛焼いちゃう、鼻毛焼けるんじゃないかっていうくらい（笑）。十数年前までは飛行機は喫煙ＯＫでしたので地上と同じペースでプカプカ。全席禁煙になってからは空港に着いたらとにかくガーッとダッシュして外に出て、深呼吸がわりに一服、プワ〜と大きく煙を吸って〜の世界でした。食後の一服ときたら至福の一服なわけです。

もう絶対たばことお酒だけはやめないと決意していたのですが、心の準備ゼロで柴田さんと禁煙を始めたら、自然にやめられました。

「あれ？　たばこ吸わなくたって生きていけるんだ」と、自分でも不思議でしたね。

お酒は適度（でもないか）、たばこは吸わない。食事は野菜を中心に食べる。そういう地味な努力や節制を苦もなく毎日の生活に取り入れることができるのも、この年齢になったおかげかもしれません。

前述したパリ旅行で、昔から私を知っている先輩に再会してごはんを食べたとき、しみじみというんです。

「よかったマチャミちゃん、元気で。昔より元気になっている。前はこんなにごはんを食べられなかったし、いつも疲れていてしんどそうだったもん。よかったよかった」

確かにそのとおりなのです。私は若いときからずっと元気は元気でしたが、健康かどうかといったら今のほうがずっと健康だと思います。体力的には落ちたけれど、体的には優秀。努力は実るものですね。

こうやって体を整えることをしていかないと、体を保っていけないですからね。若いときはそんな発想など1ミリもなく、お酒飲んでたばこ吸って、明け方までワイワイ飲み明かして、2時間しか寝ずにドラマの現場に行くわ、バラエティー番組に行くわ、叫んでるわ、深夜まで仕事するわで、また2時間くらいしか寝ないでお酒飲んでるわ（以下、最初に戻る）。そんなことばっかりやっていましたから、そりゃ毎日へとへとになります。

私の目標は生涯現役。人生のカウントダウンも始まった。体はやりたいことをやれる自分の器です。大事にします。

といいつつ、ちらっとした不安も……。私は医療番組にも出演していますが、そこで認知症の特集をやったことがあります。

認知症になるリスクが高い人、これが見事に私に当てはまったのです。

まじめ、せっかち、ムダが嫌い。

「うわ！」と思っちゃいました。

これこそもったいない病の友人と対策を考えなくてはいけません。

シラスおろしの勝利感

もったいない病といえば、私の金銭感覚も「もったいない」が先に立ちます。根は貧乏性です。今でこそ独身キャラのギャグに「金ならあるぞ！」をくっつけたりしますが、中流家庭で育っていることもあり、気前がいいときとすごく締まり屋になってしまうときと両極端な面があるのです。

「いい、パアーッと使っちゃえ！」とやったかと思うと、「こんなことにこんなにお金を出していいのかなあ」とちまちましてしまったり、バランスがうまく取れないのです。

東京に出てきて給料ゼロの劇団員のときは、いつもおなかをすかせていました。栄養のバランスを考える以前にお金がないから食事の量が絶対的に足りない。だけど食べたいものだらけ。

そしてちょっと売れ出してギャラが増えたとき、私はいつもの定食屋さんで小鉢のおかずをいっぱい並べました。味噌汁とご飯のセットにメインの焼き魚、ほうれん草のごまあえ。オーダーは止まりません。

「おばちゃ〜ん、シラスおろしと目玉焼きもつけちゃおうかな。うーん、コロッケも」

「食べられるの？」

「大丈夫！」

私が自分で稼いだお金で手に入れた小さな勝利感。テーブルにダダーッと並んだおかずたちを見て、「なんて贅沢なんだ」と胸もおなかもいっぱいになりました。

定食屋さんの小鉢から始まって、勝利感のターゲットはブランド物へ。

ほうれん草のごまあえの軽く１０００倍はするバッグや靴を前にして、「あ、これも買えるかも」と値踏みならぬ、自分踏みをしていた時期。パッとお店に入った私に、店員さんは「いらっしゃいませ」とほほ笑んだら、ずっと付き添ってくれます。買える値段でも買うか買わないかは自分の趣味ですから、買うときもあれば買わないときもありますが、それでも優しく熱心に接客してくれる店員さんに対して臆さず対応する心の余裕はできました。

お金というものはある意味、自白剤だなと思いました。あれが欲しいこれが欲しいという人の欲望を際限なく吐き出させるのですから。

男の人だったらスポーツカーに乗って、プール付きの豪邸に住むんだみたいな（これは昭和の夢？）。お金を稼ぐということは、人生の勝利感を味わうための強力なモチベーションにもなりますよね。もし、私が子どものときからフォアグラを食べていたり、夏休みは家族で海外旅行が当たり前の生活を送っていたら、定食屋さんでの喜びを得ることもなく、もっとがんばろうという気持ちも起きなかったと思います。

そして現在。お金はないよりあったほうがいいもの。これは確かですが、お金がすべてじゃないと思う私もまちがいなくいます。幸福感というのはお金があろうがなかろうが、人生をどう充実させているか、楽しんでいるか、心の問題ですよね。お金があると人間関係がおかしくなったり、利害でしかつきあえない人が集まってきたり。ややこしい問題がたくさん起きるでしょう。

お金がない時代、夜中、シャッターが閉まった下北沢の商店街でビニールシートを敷いて、いろいろな劇団の人とわいわい飲んでいたときの楽しさ！　忘れられません。今でもそんな飲み会があったら、ほいほい行っちゃうなあ。お高いシャンパン持って（笑）。

パッチワークが似合う女

仕事大好き人間の私ですが、お笑い以外に好きなことは何かといったら、みんなで楽しくおいしいもの食べながらお酒を飲むことと、ファッション。それくらいです。趣味らしい趣味をもっていたらなあと思ったりもしますが。

毎朝、「今日は何を着ていこうかな」と考えるのだけで、新鮮で楽しい。二日酔いの日以外ですけれど（笑）。

窓を開けて天気や気温を確認して、洋服は？　靴は？　小物は？　とあれこれコーディネートを決めていき、私の元気な一日が始まるわけです。

ウインドーショッピングも大好きです。買う買わないは別にして、きれいに並べられた洋服を見ているだけでウキウキしてきます。「これ、かわいいな」「こっちも素敵」と見て回っていると、１時間、２時間は平気で歩きっぱなしです。毎日１時間、いや30分でもジョギングしようと思っていてもなかなかできませんが、ショッピングだったら平気。最高のウォーキングだなと思っちゃいます。

テレビの番組で着る衣装は３人のスタイリストさんにお願いしています。レギュラー番組や特番を３人に振り分けて、三人三様のファッションの世界を楽しんでいます。だから飽きません。これは私がとても大事にしている感覚の一つです。私は衣装を着て「久本雅美」になるわけですから、スタイリングも大事なポイントです。

３人の方にお願いしているのは番組の雰囲気を大事にすることですね。『秘密のケンミンＳＨＯＷ』は、スーツのみのもんたさんの横にいる私がちゃらちゃらしていてはダメ。コンサバとまではいかないけれども、大人の雰囲気が出るようなファッションを心がけています。とはいえアナウンサーではないので、普通のスーツを着てもしようがない。コンサバ風でありながら、どこかに私なりのおもしろさもミックスさせたコーディネートをお願いしています。

『メレンゲの気持ち』はトーク番組ですので、毎回いろんなゲストの方がいらっしゃいます。その人たちに合わせて、私も洋服の雰囲気を変えて遊べる楽しみがあります。あまり主張しすぎるとゲストの方に失礼ですが、だからといって引いてしまうとつまらない。お客様を迎えるホステスとしての華やかさも欠けてしまいます。トーク番組というのは要するに私の部屋へようこそですから、おもてなしのファッションも楽しんでもらって、なおかつお客様のファッションも邪魔しませんよというバランスのおもしろさがスタイリングのポイントかと思います。

毎回、コーディネイトは数パターン持ってきてもらって、決めるときは私の意見や感想はちゃんと言います。

「これはちょっと私が着ちゃうとがんばった感が出ちゃうから、逆に若作りになって老けちゃうんじゃない？」とか、「このパターンのベルトをこっちのパンツに合わせるのはどうかな」とか、楽屋でスタイリストさんとあれこれ言いながら楽しんでいます。

アクセサリーも洋服もおしゃれなのだけれど、「あとワンポイント、なんか欲しいね」というときは、スタイリストさんたちはその場でパパッとアクセサリーを替えたり、洋服の組み合わせを工夫したり、針と糸で小物を手作りしたり、裾やら襟元やらをプチリメイクしたりしてくれます。さすがです。

その姿を眺めながら、私はときどき売れる前の貧乏時代を思い出したりします。

お金はなかったけれど、おしゃれ心は満々。安い無地のトレーナーを買ってきて、生地屋さんで調達したいろんな柄の端切《はぎ》れを、デザインを考えながらパッチワークふうに縫い付けたりしていました。いまだに柴田さんが「あのときのトレーナーはほんとにかわいかった」と言ってくれます。そういうアイディアでもって、なんとかかわいくしよう、カッコよくしよう、おしゃれを楽しもうとしていました。

今はそれなりに余裕も出てきましたが、材料費１０００円未満、夢いっぱいの手作りパッチワークトレーナーも似合う女でいたいと思います。

第5章

身だしなみは気配り

身だしなみで大きく変わる印象、そこから始まる会話

私の知り合いにSさんという女性がいます。一緒に暮らすお母様がもともとの持病に加えて認知症も発症してしまい、Sさんは朝から晩までそれこそ24時間、お母様の介護にかかりきりの毎日を送っています。

お母様は食事や着替え、トイレ、入浴など、あらゆることにSさんの介助が必要。さらに炊事、洗濯、掃除といった家事もしなければならず、Sさんの負担は大変なものです。そのためSさんは自分のことは常に後回し。着る服も動きやすく、洗濯機でガンガン洗えてアイロンのいらないTシャツやトレーナーになり、ボトムはもっぱらパンツ。スカートははかなくなり、そしてメイクもしなくなりました。

「口紅を塗ったって誰に会うわけでもないし、やらなきゃいけないのは介護だし、まあ、いいや……」

そんな気持ちだったそうです。お母様を病院に連れていくときや散歩に出るときも、

楽な格好をしてメイクもせず、せいぜい髪の毛にブラシを入れるくらい。お母様は外に出ると、認知症のせいもあり「あっちに行きたい」「こっちがいい」と、ころころということが変わるわけです。Sさん母娘を見た人たちは口々に、「大変ですね」とか「大丈夫？」「ご苦労されていますね」というような声をかけてくれたそうです。Sさんもその気遣いの言葉を自然に受け入れていました。「そう、大変なんです」とうなずきながら。

ところがある本で、〈どんなときもお化粧をして、美しく身だしなみを整えることは女性として大事なこと〉と書かれた文章を読んで、目から鱗が落ちたそうです。「そう！こういう大事なことを自分は忘れていた」と。

その日からSさんはお母様と外出するときはちょっとおしゃれな外出着に着替え、メイクをして、自分の身だしなみに気を配ることにしました。外に出ると相変わらず「あっち」「こっち」と行く先が次々に変わるお母様とそれに付き添うSさん。ここまでは今までと一緒。変わったのはまわりの人たちの声でした。

「お母さん、幸せだね。娘さんによくしてもらって」

今までは「いつも大変だね」「苦労しているね」とそっと気遣いの声をかけてくれていた人たちが、「幸せだね」とにっこりと目を細めて声をかけてくれたのだそうです。

「介護は大変だけれども、女性らしく身だしなみはきちんとしよう」と思って、自分の気持ちを切り変えたSさん。そうすることによって、彼女自身がいきいきときれいに見えるだけでなく、一緒にいるお母様もハッピー・オーラに包まれ、まわりにいる皆さんもさわやかな気持ちになる。

お母様のことを大事にしたいと思う気持ちも、外出の付き添いが大変なことも何も変わりはないけれど、着る服を変えて身だしなみに気を配ったら、まわりの人たちの受ける印象はこんなにも変わるものだということに、Sさんは驚いて感動されていました。私も感動しました。

そして人の印象を決めるのは、やっぱり見た目の要素が大きいということをしみじみと感じました。以前のSさんは「ご苦労されている人」。今は「お母さん思いの、いきいきした人」。

身だしなみは相手の目線になって気を配るマナー。気持ちのいいコミュニケーションの第一歩だと思いました。

年齢とともに考え始めたファッションとＴＰＯの関係

　気がついたら服好き人生が50年を過ぎようとしている私ですが、どの時代もそのとき好きで着たいと思ったものを自然に身につけてきました。流行のファッションも大好きです。流行ものと私のファッション・センサーは相性がいいのか、「これが流行るの、わかるなあ」と思うし、「リバイバルしたこの服、今すぐごく着たいなあ」という気持ちが湧いてくるのです。

　こんなふうに「着は心」で好きな服を楽しんで着ている私ですが、年齢を経て服選びのポイントが一つ増えました。それはＴＰＯを考えるということです。

「今日は明治座に先輩の○○さんの舞台を観にいくんだ」となれば、「きちんとした格好で、メイクもちゃんとしていかなきゃ」と考えるようになりました。明治座には先輩と親交があるご年配の方々もたくさんいらっしゃるから、大人として誰に見られても恥ずかしくない服装で行こうと。そういう感覚がいつのまにか自分の中に芽生えてきていたのです。

え、この年なら当たり前ですか？　でも私にとってはすごい進化なのです（笑）。それまでは服選びの条件に「明治座」も「ほかの方の目」も入らず、その日に着たいと思ったらTシャツ着てジーパンはいて、ノーメイクで出かけていっていたわけですからね。

とはいえ、どんなに優等生ルックのきちんとした服を着ても、自分の中で自分らしく楽しんでいるファッションであることは絶対条件。これは変わりません。TPOを押さえつつも自分の個性は絶対どこかに盛り込んでいきたいです。エレガントなジャケットを着ていてもブローチがかわいいとか、ピアスがおもしろいとか、スカーフの巻き方がしゃれているとかですね。私は自分が納得できない服で外に出ていくと、もう歩けませんから、テンションが下がっちゃって（笑）。

だからドレスコードに約束事が多い冠婚葬祭で着るフォーマル服でも、やっぱり自分らしさにこだわりたいと思っています。その代表格は喪服。もちろん喪服を着るのは喪に服する場ですので、ファッションなどは二の次、三の次です。私の喪服選びのルールの第一は、参列者の方々に不快感を与えない品のあるものであること。そして自分らしさのこだわりとしてデザインがシンプルであまり主張していなくて、形がすごくきれいであること。そういう服を喪服として作られたもの以外でも喪服用に選びます。

このように50歳を過ぎて服選びにＴＰＯ目線を入れるようになった私ですが、「この服はＴＰＯのマニュアル的に○か×か」という判断は、なかなか難しいものです。私自身、若い頃はＴＰＯに頓着しなかったという自覚はありますが、それでもＴシャツにジーパンの日に流れでフレンチを食べにいこうと誘われたら、「今日は無理無理！」と断っていたわけです。フレンチとＴシャツはバツというのが、そのときの私のＴＰＯの基準だったのでしょう。

それから年月が流れて、今は明治座とＴシャツもバツ。結果、どなたに見られても、「ちゃんとＴＰＯを考えて着ているな」「おしゃれだね」と思ってもらえることに、楽しみながら私のＴＰＯの基準を置くようになったわけです。

メイクに関しても「身だしなみである」と意識するようになりました。毎日職場でフルメイクをしてもらっているので、オフの日はできるだけ肌を休めたい。だからどこに行くにもすっぴんでしたが、ＴＰＯを考えてメイクを心がけるようになったのです。

まあこれまでがすっぴん１００％だったことに対して、今は40％くらいはメイクをやっていますという、小さめの進化ですけれど（笑）。

好きな服を着続ければ、自分らしさが香ってくる

服好きの人というのは、皆さんがそれぞれに自分の世界を持っていると思います。コンサバが好きとかフリフリが好き、ロックっぽいファッションが好きとか、いろいろあると思います。そういう「これを着たい」という意志が、私はとても好きです。

では私の好きなスタイルは何かというと、ひと言でいえば「シンプルだけどエッジが利いているもの」ということになります。基本的にごたごたしているものがダメなので服自体はシンプルなものがよく、そのかわり形がキュートだったりおもしろかったりする。そんな服に惹《ひ》かれますね。

しっくりこない服を着てしまった日は、なんだか下向き加減になっていますし、「今日のファッション、自分的にイケてる！」と思う日は顔が上向いて積極的にしゃべっちゃうみたいな、極端にいうとそれくらい服によってテンションの上がり下がりがあるほうです。でも似合わないと思った服でも、その服が本当に好きでやっぱり着たいとい

う気持ちが強かったらあきらめずに、組み合わせや小物を変えてトライしていますね。思うに、そのファッションが大好きで自分はこれでテンションが上がるんだ、楽しいんだと着続けていれば、そのファッションがその人のカラーになってくるものではないでしょうか。

私の少女時代の「カワイイ」の元祖、イラストレーターの田村セツコさんもそういうすばらしい方の一人です。田村さんが少女漫画誌に描いた巻き毛にリボン、フリルたっぷりのエプロンドレスやパフスリーブのワンピースを着たおちゃめでおしゃれな女の子に、全国の少女たちは夢中になりました。そして田村さんはご自身が描いたそのカワイイ女の子のファッションを、ずっと着続けていらっしゃいます。二つ結びのおさげ髪にパフスリーブの白いブラウス、キュートな形のフレアスカート姿。ファッションが〈ザ・田村セツコさん〉ワールドを創り出しています。常識的に考えればシニア世代に入った人がこういう少女ファッションをしたら、年齢とのギャップがありすぎて「ちょっと何それ?!」という違和感を持たれてしまうでしょう。でもお会いした田村さんはとても素敵。年下の私が失礼かもしれませんが、本当にかわいらしい方です。この服の世界が好きで、自分が女性であり続けるという思いに満ちあふれていらっしゃいました。

それからもう一人。古い話ですが、私が昔、大阪でアルバイトをしていたときに出会った営業ウーマンのモモコさん。当時で優に60歳は越えていたおばちゃんのファッションもまた〈ザ・モモコさん〉ワールドでした。モモコさんのスタイルは全身ピンク。名前がモモコでスーツもマニキュアも口紅もいつもピンクなのです。スーツはいろいろなデザインを着ていて、色はヴィヴィッド系やパステル系などの違いはありましたが、全部ピンクで揃えていました。いつも元気いっぱいで、もう超かわいかったですね。

たとえば好きで着ている服を最初は皆に笑われたとしても、その人が本当にその服の世界が好きでこだわりを持って着続けていたら、服はファッションを超えて〈ザ・その人〉になれるのだなあとしみじみ思います。

私には田村さんやモモコさんのように自分のスタイルにとことんこだわって、自分のカラーで輝き続けている先輩たちがたくさんいます。20代に何をやってきたか、30代、40代、50代、60代に何をやってきたか、今、何をやり続けているのか。先輩たちは年齢を経るごとにこだわりを持ってやり続けていることが、内面から香ってきています。

シンプルだけどエッジが利いていること——。私の好きなスタイルが〈ザ・久本雅美〉になれるように、今まで以上に内面も磨き続けていこうと思います。

年を重ねると、もっと服が好きになってくる

私の一日は朝起きて、「今日は何を着ていこうかな」ということから始まります。

候補はすでに前の日に選んでいるのですが、朝起きてそれを着ていくのは5回に1回。朝起きたら、着たい服が変わるのです。うーん、どうも違うなって。それでまた一から選び直すのですが、そういう朝の時間が嫌いではないのです。旅行のときも何パターンか持っていくわけですが、荷物は少なめが私の絶対条件ですから、「パンツはこれにしよう。でもこのパンツで何パターンできる？」などとものすごく考えます。ああ面倒くさいって自分にツッコみながらも（笑）、絶対妥協したくないのです。それもこれも自分が少しでも楽しんで着られて、テンションが上がる服を着たいから。

私が服好きを公言していることもあって、街中で一般の方が「いつも何を着るか、楽しみなんです」と声をかけてくださることがあります。仕事の現場で共演者の方やスタッフさんが「このあいだのあの服、よかったですね！」とほめてくださったり、ファッショ

ン業界の方とお会いしたときにスタイリングについてご意見をいただくこともあります。自分の好きなことをほめていただいたり、プロの方から認めていただくのは本当にうれしい。ますます「がんばらなきゃな」という気持ちになって、服好きに拍車がかかります。

いくつになってもスタイルをキープしている人はカッコいいと尊敬しますが、下っ腹が出てくることや胸が垂れてくることを超越したおしゃれな人にもカッコよさを感じます。服のセンスがよければ、そのコーディネートを自分に引き寄せていれば、それはそれでカッコいいのですね。そういう人を見たとき、体型なんて関係ない、その人の内面から生まれる魅力には勝てないなと思えてきます。

プライベートでニューヨークに行ったときに街中で見かけたおばあちゃんたちも、実に素敵でした。

白くなった髪の毛をアップにして、首にスカーフをキュートに巻いて、細いパンツにハイヒールを履いて。それでバッグを小脇に抱えてたばこを喫っている、その姿。

真っ赤なルージュにネイル。大振りのイヤリングとお揃いのネックレスをして、派手なつば広の帽子をかぶっている、その姿。

年を取ったことを楽しみながら、自分流のファッションのこだわりを捨てない。若い人には到底出すことのできない魅力が服からも人生からもばんばん伝わってきて、私は思わず写真を撮っちゃいました。

私もそういう女性になりたいなと思います。

仲間うちで、年をとってくると光り物をつけたくなるという話になるんです。

「自分が光っていないから、光り物をつけないと間に合わないのよねえ」とお互いの光り物を指さして笑い合っていますが、ある意味、これは一理あるかもしれないと思います。何歳になっても女性としての美しさを捨てないというか、女性として輝きたいという内なるパワーが光り物を求めさせるのではないでしょうか。いつまでも女性として生きていきたいという気持ちがファッションに表れているとするなら、私はすばらしいことだと思います。

メイクについても同じです。若いときは若さが宝ですから、へたにメイクをしないほうがかわいかったりします。だけど年齢を経てくると誰でもたるみもしわもしみも避けられないわけですから、メイクを工夫しながら楽しんで、ヘアもウィッグで遊んだり、ファッションへのこだわりを捨てることなく、ニューヨークで見かけた、あの素敵なおばあちゃんたちのようにカッコいい女として生きていきたいのです。

エッセイ⑤　若さの物差し

芸能人は華やかなドレスを二度着ない

結婚式や祝賀パーティーといったおめでたいイベントに芸能人が参列すると、どんなファッションで現れたのか、ワイドショーやスポーツ新聞で取り上げられることが多いですよね。女優さんが胸や脚や背中を大胆に露出したドレスで登場すれば、さらに記事は大きくなり、イベントも女優さんも一気に注目の的に。一方で写真や映像が残ってしまうことで、「あの人、このあいだの○○の結婚式のときもこの服だったよ」とか「△△の新作パーティーでも、これ着てた」とインターネット上でつぶやかれてしまうなんてこともあります。一度おめでたい席で着た服は、二度と着ることができない。それでいて毎回ある程度きらびやかで、皆さんの期待を裏切らないようなファッションをしなくてはいけない。他人事のようですが、芸能人の皆さんにとって、これはかなり気をつかうことだと思います。

大胆な露出が話題にならない私はどうしているかというと、近々に出席の予定がなかったとしても、いいものがあれば結婚式やパーティー用の服を購入するようにしていますパーティードレス仕様ではなくても、そんなに値段が高いものではなくても、ちょっと光り物が入っていたり、デザイン性がおもしろかったりすると買っておきます。そして同じ服でもアクセサリーや小物、靴などの組み合わせを変えて楽しんでいます。

ところで私は先日、知り合いの娘さんの結婚式に出席しました。その方は芸能界の人ではないので披露宴のお客さまも一般の方になりますが、列席された女性の皆さん、ドレスも髪型もメイクもばっちり華やかに決めていて、すばらしかったのです。そして何よりも目がいったのは皆さんのヘアスタイル。ちゃんと美容室でプロにセットしてもらっているのです。私は思わず、反省してしまいました。

もしかして、こんなラフなの、私だけ……？

確かに着るものだけはちゃんと結婚式仕様のファッションでしたが、髪は朝起きて自分でブラシを入れて整えただけ。シンプルにまとめたといえばそうともいえますが、エッジは利いていません。

縦ロールやらカールやら髪飾りやらを美しく盛った皆さんの笑顔の晴れやかなこと。肌も瞳もキラキラ輝いていてとても素敵。女性にとって着飾って出かけていく場というのは、日常から解放される社交の場であるのでしょうね。

おしゃれして人前に出るというのは、どんな化粧品よりも効く一番の美容液なんだなあとしみじみと思いました。

これまでの人生、たくさんの結婚式に参列して新婦が投げたブーケを何個も受け取ってきた私ですが（笑）、ウエディングドレスを着る日はいつになるのでしょうか。パーティードレスは着回しして楽しんでいますが、ウエディングドレスは人生1回と決めています。待ってくださっている皆さん、長生きしてくださいね（笑）。

髪型は「似合う」が一番

私、実は自分でカーラーを巻けません。巻き上げているうちに方向が変わってくるし、そうこうしているうちに手もしびれてきます（笑）。こと髪の毛に関して私は不器用で、すごく面倒くさがり屋なのです。だから、髪型は何十年も通っている美容室の先生に任せっきり。ときどき、「そろそろ飽きてきませんか？　どうします？」と言ってくれますが、答えはいつもこれ、「じゃあ、お任せ！」です。

仕事柄、なんにでも似合う髪型。洋服で遊びたいのでいろいろなアレンジができる髪型。これが大前提の上で、ふだんは手入れがいらないという、超自分勝手な髪型にしてもらっています。

今のショートボブの髪型も気に入っています。何もしなければショートボブですが、サイドは耳にかけられて、トップはお団子も作れる長さがあります。そしてサイドのなかは刈り上げられていて、アレンジでロングふうにもショートカットふうにもできるという絶妙のカットなのです。ヘアメイクさんも「カットの先生が上手だから、どんな髪型にもできる」と言ってくださいます。

また、ウィッグを使っていろいろな髪型も楽しんでいます。前髪は手軽に顔の雰囲気を変えてくれるのでモードっぽく長めにしたり、短いパッツンにしたり、洋服に合わせていろいろやります。

それから普通のきれいなボブのウィッグ。これは1個持っていると着物を着る日やTPO的に楚々《そそ》とした服の日にすごく重宝します。特に着物との相性はばっちり。ウィッグの下はぐちゃぐちゃですが、着物女子の皆さん、軽めの着物からフォーマルな訪問着までボブはストライクゾーンが広いので、お勧めです。

ちなみにこのボブのウィッグは、舞台でノーマルな人の役をやるときもかぶります。私をノーマルに変えるボブ、やっぱりストライクゾーンが広いですね（笑）。

髪型は確実に本人に似合う、似合わないというのが出るので、どんな髪型にするかは大事ですよね。髪型でおしゃれ度が確実にアップします。もちろん自分がしたい髪型も大事ですけれど、似合う髪型にすれば、その人の美しさとかかわいさ、魅力もアップ。だから私は自分がしたい髪型よりも、客観的に似合う髪型を美容師さんに聞いて、やってもらうほうがいいのではと思っちゃいます。

それから私たち世代は髪型で若さも引き出されたりします。「えっ?!」と思うくらいものすごく若くなった人、まわりにいませんか? マイナス10歳へアみたいな(笑)。顔が晴れたね~という感じです。似合う髪型というのも、その人の魅力を引き出すとても大事な要素だと思います。

楽カワイイが好き

服のセンスを左右するものとして、私は服のサイズ感とトータルのバランスもすごくこだわります。ゆったり着るシャツでも、ピッチピチのTシャツでも、自分に似合うサイズ感というものが誰にもあるわけで、上半身と下半身のバランスが重要ですよね。

スパッツをはくのだったら、スカート丈をどれくらいにするのか。「ちょっと短めにはきたいな」という日だったら上に着るセーターやジャケットとのバランスをチェックしてスカートのウエスト部分を折ってみたりとか。足元もあえて靴下を見せたほうがカッコよかったらパンツの裾をロールアップしたり。とにかく鏡の前でバランスチェックです。

サイズ感へのこだわりはコンプレックスのカバーにも役立ちます。

私のコンプレックスは首がすごく細いことです。体にサイズが合っている服でもたいていのものは襟がゆるくて首元が見えてしまうので、ほとんどの服は後ろで襟を詰めてもらってから着ています。寒々しく、弱々しく見えたりするのが本当に嫌いなのです。タートルネックのセーターでもネックに広がりがあったら、「あと5ミリ、後ろで詰めて」とミリ単位でスタイリストさんにお願いしています。

気にならない人にすれば「変わらないって」と言われる数ミリ数センチでも、本人は真剣。その5ミリで、洋服も私もしっくりきて、気持ちよく着られるかどうか、そして見た目も全然違ってきます。

最近、私のサイズ感とバランスの方向性が楽な服にシフトしてきつつあります。ふだんはできるだけ楽な服。けれどもかわいくなければ、やっぱりいやなのでコーディネートはきちんと考えます。

楽カワイイ、これが好きなのです。

靴もしかり。たとえばハイヒール。おしゃれで、かわいいデザインのものをつい買っちゃいますが、バランス的にハイヒールのほうが似合う服でも、楽したい、疲れたくない、そしてヒールが高いと転んで足をくじいたらどうしようと、年を重ねるとそんなことまで考えちゃいます（笑）。仕事やパーティーのときは楽しみながらもがんばって履いていますが、ふだんはどうしてもスニーカーやペタンコ靴が多いです。

私の知り合いで、ふだんからどんなときでもハイヒールを履くと落ち着くという人がいます。そういう方を見ると、いつも颯爽としてカッコいい。女性として生まれたことを楽しんでいるし、素敵だなあと尊敬しちゃいます。

肌と戸籍はきれいです

自慢じゃないですが自慢しています。私、肌と戸籍はきれいです（笑）。

戸籍については細かく説明しません。占い師に「35歳で結婚できる」といわれたのが37歳。番組で占ってもらった中華街の占い師によると「最高の適齢期は65歳」だそうです（笑）。

メイクさんに「この肌は持って生まれたものだね」といわれました。16年前に亡くなった母がきめ細かいきれいな肌をしていましたから、この肌は母の遺伝でしょうか。

母譲りの自慢の肌ですが、30代の頃はひどかったです。たばこをパカパカすって、お酒をがんがん飲んで、寝ないという時期は肌がかさついてシワシワでした。肌がそんなことになっていることも気にせず疲れていて、楽屋で寝ながらメイクしてもらっていました。もう死に化粧です（笑）。

そんな時期に『ＶＯＣＥ』という美容専門雑誌の創刊号の企画で、嶋田ちあき先生という有名なヘアメイクアップアーティストの方にメイクをしていただきました。雑誌のＴＶコマーシャルもやったのですが、嶋田先生は美容雑誌にお笑いの私が出るということでおもしろがってくれて、私をモードに変身させてくださいました。その姿に私自身が衝撃を受けたものです。その後、創刊10周年の企画で再び嶋田先生にメイクをしていただいたのです。嶋田先生が49歳になった私に言いました。

「10年前と全然肌違うね」
「先生、私、たばこをやめたんです」
「それは大きいね〜。肌がすごくきれい。覚えてないでしょ。10年前はあなた、2回もパックしたんだよ」

しみじみと嶋田先生にいわれましたが、全然覚えていませんでした（笑）。肌がすごくかたくてどうにもならなかったそうです。企画のタイトルは「奇跡の変身スペシャル〜久本雅美、再び〝ビューティーの星〟になる！」でしたが、正しくは〈再び〉より〈今度こそ〉ですね。

たばこのことは第4章でも触れましたが、あっさりやめることができたのも今思えば、年をとるという理に適《かな》ったことだったのかもしれません。内臓や肌がもうたばこはこのへんで……というサインを出していたのだと思います。

肌のことでいえば、私がラッキーだったのは20代に貧乏な劇団員だったこと。稽古をした後、毎日、衣装を縫って小道具を作っていました。稽古場を出ると外は夜。人生にも居場所にも日が当たることはなく、私は白い肌をしっかりキープできました。そのかわりに夜の街で酒焼け、胸焼けはしていましたが。

自分の肌の歴史を振り返ったとき、２０１１年の花王ソフィーナのＣＭ初出演も大きな出来事の一つです。化粧品のＣＭといえば美人系の女優さんかモデルさんの世界でしょう。それが芸人ではないですけれどお笑い班の私にオファーがくるなんて、あり得ないと思いました。私、マネージャーに「人、まちがえてない？」と聞きましたから（笑）。そうじゃなかったらドッキリカメラかなあと。

このＣＭ出演は本当にうれしかったですよ。ＣＭがオンエアされてから一般の方々が「あなたのあれ、買ったわよ」とか「私も同じファンデーションを使っているわよ」とあまりに声をかけてくださるので、私も責任重大。仕事以外はノーメイクの素顔が多かったのですが、やっぱりちょっとしたことでも人前に出るときはメイクをしていかなきゃいけないなあという意識になりました。

花王さんが〈マイナス５歳肌。50歳からのメイク〉ということを初めて世に打ち出してから、いろいろな化粧品メーカーがこぞって50代市場に参入してきたんじゃないでしょうか。私を選んでくださった花王さんの勇気に心から感謝します。

50代で「とりあえずビール」デビュー

化粧品のＣＭ出演だけではなく、50歳を過ぎてから初体験したことがもう一つあります。

20代から大酒飲みの私ですが、実はビールが飲めませんでした。子どもの頃から炭酸系の飲み物が苦手だったのでビールもおいしいとも思わなかったのです。だから「とりあえずビール！」が私にはなし。いつもいきなり日本酒か、いきなり焼酎。乾杯もみんなの中生ジョッキに一人、冷酒のグラスをカチーンとやっていました。

そんな私が6～7年前、50歳になったあたりから唐突に「ビールが飲みたい！」と思うようになったのです。それでまずは「とりあえずビール！」をやってみたら、これがおいしい！　自分でもびっくりです。

今まで三十数年、私は飲まず嫌いだったのかと思ったら、これって老化現象なんだそうです（笑）。栄養士の子どもがいる友だちが教えてくれました。なんでもビールの原料のホップには女性ホルモンに似た働きをするフェストロゲンという成分が含まれていて、更年期で乱れた女性ホルモンの働きを活性化してくれるのだとか。

だから「今日は疲れたわ～」という日は、「ちょっとビールを飲んだほうがいいよ」と勧めるそうです。女性ホルモンが活性化するから元気になるよって。

友だちからその話を聞いて、私がビールを好きになったのは、そうか、女性ホルモンの低下だったのかと、笑ってしまいました。理に適っとるわって。

そこから私の「とりあえずビール」が定番化しました。そしてもう一つ、泡系のお酒といえばシャンパンです。シャンパンも大好きになってしまいました。疲れてくると、本当に「ああ、シャンパン飲みたいな」と体が欲するのです。お酒が飲みたいなと肝臓が欲するのでなく、女性ホルモンがシャンパンを求めているのでしょうか（笑）。

シャンパンというとなんだかバブル時代の匂いがしますが、その時代の私はいきなり日本酒時代だったので、バブルなシャンパンとは無縁でした。ここ数年、再びシャンパンブームが起こっているようですね。「泡」とかいっちゃって。折しも私は女性ホルモン低下による炭酸ブーム。時代の流れに乗っかってるなあ（笑）。

昨日もへとへとで家に帰ってきて「シャンパン飲みたい！」と思ったら、全部フルボトル。一晩では１本飲み切れないし、開けたらもったいない。

こんなときはいつも思っちゃいます。女の一人暮らしには、日本酒は４合瓶、シャンパン、ワインはハーフボトル。これに限る。お酒をプレゼントしていただく機会が多いですが、どうか女の一人暮らしの生活、気持ちをお察しくださいませ（笑）。

部屋と人生と私

私の一人暮らしの家の中は自分でいうのもなんですが、すごくきれいです。地方公演で数日家を空けて夜に疲れて帰ってきても、その日のうちに荷解きして、持っていったものを元の位置に戻して、洗濯物を洗濯カゴに放り込むところまで一気にやってしまうのです。気持ちがすっきりします。

家の中が汚いという状態は、とにかく落ち着かずいやなのです。経験上、生活と人生は表裏一体だという考え方が身についてしまっていて、生活が乱れると人生が乱れてくるのではないかという気持ちになってしまうのです。だから逆に、雑で散らかっている部屋に住んでいても、ちゃんと生きている人は偉いなあと思います（これがまた私のまわりにはわりとたくさんいるんだな……）。

家の中が汚く見えるのは、決して家が古いとか狭いからではありません。古いおうちでも清潔できれいにしていると気持ちがいいし、ちゃんとしている人だなあとそれだけで尊敬してしまいます。けっして広いとはいえないおうちでも、こだわりがあったり、ちょっとした気づかいで楽しい雰囲気が出ていたり、間取りに余裕があるわけでもなく、高級なインテリアが揃っているわけでもないのに、住み心地のよさや温かみが伝わる家。それは住む人が人生を大事にしている証拠だと思うのです。

と、もっともらしく道理を説いてみた私ですが、20代30代の部屋はお肌同様、大変荒れていました。特に20代は最悪です（笑）。劇団の稽古で帰りは遅くなるし、まっすぐ帰らず飲みにいくことも多かったですし。たまに早く帰ってきた日は夜中まで芝居の本や資料を読んだり、舞台のアイディアを練ったりといろいろなことをやって、そのままバターンと寝ていました。朝、散らかったままの部屋でむっくり起きて、「ああ、寝ちゃったんだ……」と軽くへこみながら稽古やバイトに飛び出す日々でした。

妹と一緒に住んでいた時期もありましたが、お互い物が多かったり、不規則な生活で部屋はちらかっていました。

部屋をきちんと片づけてきれいに暮らすようになったのは、何かドラスティックな転機があったわけではなく、自然にだんだんときれいが気持ちいいと実感したからでしょうか。いつの間にか私は部屋を片づける手間をいとわなくなり、さらに部屋がきれいじゃないといや！　と思う女になりました。思えばたばこをやめたのも肌をいたわるようになったのもしかりです。すべてその時期が来るのを待っていたかのようにスイッチが入った。炭酸好きになったこともですね（笑）。

ちらかっているほうが落ち着くよねという方もいらっしゃいますよね。それはそれで、その人が気持ちいいということなのでなんの問題もないですが、もし、日々の仕事が忙しすぎて「ああ、部屋も人生も乱れっぱなし」と頭を抱えている方がいたら、ちょっと時間を作ってスイッチを切り替えてみてください。「きれいは気持ちいい」を味わったら、身も心もすっきりしますよ。

笑ってもらうDNA

アラフォー・アラフィフ世代を過ぎると、「若いですねえ！」というひと言は最高のほめ言葉になってきます。「いくつに見える？」と面倒くさい質問を誰でも1回はしているはず。聞かれる側からすれば、何歳と言ってあげるべきか、ものすごく気をつかう質問なのに（笑）。

見た目年齢というのは、その人のエネルギーの発信力にかかってくると思います。エネルギーの発信というのは若さです。高齢であっても、おばさん体型であっても、行動力があって潑剌としている人たちは、やっぱり若いなあと思います。どんなにおしゃれな服に身を包んで、きれいにメイクしていたとしても、なんの行動もせずに一人でぼぉーっとすごしていたら、老けてしまうと思うんです。

10代20代のときは実年齢が若さの証明でした。何も成してなくても「22歳です」というと、まわりは「おお、若～い！」と意味もなく拍手してくれました。30代40代は実年齢と見た目年齢のギャップに燃えるお年頃です。実年齢より若く見られるとまちがいなくうれしかったです。そして今のこの年齢になって、若さの物差しが実年齢でも見た目年齢でもなくなってきました。

自分がやりたいこと、やらなきゃいけないことを見つけて、社会の中でいきいきと行動したり、何かを発信している人が、私にとってカッコよくて若い人です。そういう人たちは何歳になっても、体力の低下を感じさせないくらいのエネルギーがお顔にも体にも表れています。

私も公私ともにそういうエネルギーと使命感にあふれた、いつまでも若さがある人生を送っていきたいと思うのです。この本でも何度も記しているように私の目標は生涯現役。物心ついたときから人を笑わせたり楽しませることが大好きだった私にとって、いくつになってもメディアや舞台の世界に立ち続けて、笑ってもらえることで少しでも社会の役に立てたらこんなにうれしいことはありません。

この、人を楽しませたいという思いはどうやら私のDNAのなせる技みたいなのです。NHKの「ファミリーヒストリー」という番組に出演して確信しました。この番組は著名人や芸能人の家族のルーツや歴史を番組スタッフが徹底的に調査して明らかにする番組で、私はそこで初めて父方と母方、両方の祖父や曾祖父のルーツを知ることができたのです。

祖父も曾祖父もその人生は押しなべて、人や社会にどうやったら喜んでもらえるのだろうかということを考え、実践し続けた日々でした。私はその生き方を書き記した歴史的資料のVTRを見ながら、涙があふれてきました。

母の実家がある徳島県で腕のいい石工だった曾祖父の弥三吉おじいちゃん。戦争から帰ってきて、14年間毎年手作りのミニ箒《ぼうき》を100本作って地元の小学校に贈り続け、その功績を称えられて徳島新聞賞を受賞したそうです。受賞を報じた記事には私のひいおじいちゃんが照れくさそうに写っていました。

そして2人の祖父はどちらも村芝居の女形、しかも大の人気者だったという衝撃の事実！　母方の政岩おじいちゃんが女形だったことは知っていましたが、名物女形だとは聞いていなかったし、父方の友三郎おじいちゃんまで女形だったことは初めて知りました。政岩おじいちゃんの芝居を知る人が語ってくれるには、低い腰からゆらりゆらりと踊るさまが絶品だったとか。おひねりがばんばん舞台に飛んだそうです。町史には政岩おじいちゃんが説く芝居の心構えが残されていました。父方の友三郎おじいちゃんは舞台だけでなくふだんから村の人たちをよく笑わせてくれたお調子者だったよう。友三郎という名前でしたが、出生届けを頼まれた人が名前を忘れて宮吉と役所に届けてしまい、小学校の入学式のとき「久本宮吉くん」と呼ばれて初めて戸籍の名前が違うことを知ったそうです。その後、友三郎おじいちゃんは宮吉ネタで笑いを取っていたとか。私も友三郎おじいちゃんだったら、まちがいなくこのネタ、やるでしょうね（笑）。

人に笑ってもらう、喜んでもらう芸をすることが好きだった私の両おじいちゃん。ＶＴＲに映し出された2枚の女形の写真を見ながら、私はこの家に生まれきたというＤＮＡを無駄にしてはいけないと思わずにはいられませんでした。私の仕事はある意味使命だったんだなと。こういう血筋のところに生まれ育ったのだから、おじいちゃんたちの全ＤＮＡを思いきり発揮して、自分がやらなければいけないことを果たしていこうと体の底から勇気が湧いてきました。

自分の生き方が定まったという武者震いのような高揚が私を包みました。

「よし、やり遂げちゃおう！」と。

「人に心を開いてもらいたい時
私が必らずやること、やらないこと。」
まあ、このタイトルも、おこがましい。
お恥ずかしい。たかが58年。されど58年。
どーにかこーにか生きてきた私の体験、経験
から感じたこと、やってきたことを、本とし
て、出させて頂くことになりました。
本を出すというのは、文字として残るという
こと。その緊張感や怖さ。まだまだ未熟な
私は、これから更に、色々な体験を重ね、様

々な方と出会い、刺激を受け、考え方、生き方は変わっていく。それなのにいいのか……。と思い悩みましたが、私なりに生きてきた58年が、少しでも、皆様の何かの参考になれば、お役に立てることができれば、幸いです。この本を手にとって下さった皆様、心より心より感謝申し上げます。

これからも、精進して参ります。

皆様にとって、益々、充実した自分らしく輝く人生であられますよう、心よりお祈り申し上げます。今後共、よろチクビー♡

久本 雅美

【著者紹介】

久本雅美（ひさもと・まさみ）

1958年、大阪府生まれ。81年、劇団東京ヴォードヴィルショーに入団。84年、同劇団の若手だった柴田理恵、佐藤正宏、演出家の喰始らとともにワハハ本舗設立。85年、『今夜は最高！』（日本テレビ系列）に出演以降、テレビやラジオにも活躍の場を広げ、数々のバラエティー番組やドラマに出演。現在は『メレンゲの気持ち』（日本テレビ系列）、『秘密のケンミンSHOW』（読売テレビ系列）、『ぴったんこカン・カン』（TBS系列）、『ヒルナンデス！』金曜日（日本テレビ系列）などに出演中。舞台出演はワハハ本舗の公演だけではなく、松竹新喜劇などへの客演も。著書に『結婚願望』（ブックマン社）などがある。ワハハ本舗ホームページ　http://wahahahompo.co.jp/

ブックデザイン／タカハシデザイン室

＜カバー写真＞
撮影／小山昭人（FACE）
ヘアメイク／梅原麻衣子　スタイリング／相澤樹
日本テレビ『メレンゲの気持ち』収録スタジオにて　ⓒNTV

構成／桜井美貴子（エイブル）　構成協力／布施菜子
編集／君塚太（TAC出版）　編集協力／平間淳、佐藤陽介（ワハハ本舗）

人《ひと》に心《こころ》を開《ひら》いてもらいたい時《とき》、
私《わたし》が必《かな》ずやること、やらないこと。

2016年 9 月10日　初　版　第 1 刷発行

著　　者　久《ひさ》　本《もと》　雅《まさ》　美《み》
発 行 者　斎　藤　博　明
発 行 所　TAC株式会社　出版事業部（TAC出版）

〒101-8383 東京都千代田区三崎町 3-2-18
電 話 03(5276)9492(営業)
FAX 03(5276)9674
http://www.tac-schoo.co.jp

印　　刷　株式会社　ミレアプランニング
製　　本　株式会社　常川製本

Ⓒ Masami Hisamoto 2016　Printed in Japan
ISBN 978-4-8132-6716-4
落丁・乱丁本はお取り替えいたします。

本書は，「著作権法」によって，著作権等の権利が保護されている著作物です。本書の全部または一部につき，無断で転載，複写されると，著作権等の権利侵害となります。上記のような使い方をされる場合には，あらかじめ小社宛許諾を求めてください。

EYE LOVE EYE

視覚障害その他の理由で活字のままでこの本を利用できない人のために，営利を目的とする場合を除き「録音図書」「点字図書」「拡大写本」等の製作をすることを認めます。その際は著作権者，または，出版社までご連絡ください。